从政方略三千言

晓山 编著

中央编译出版社
Central Compilation & Translation Press

图书在版编目 (CIP) 数据

从政方略三千言 / 晓山编著 . —北京：中央编译出版社，2019.11（2023.1 重印）
ISBN 978-7-5117-3507-2

I. ①从… II. ①晓… III. ①领导艺术－通俗读物
IV. ① C933.2

中国版本图书馆 CIP 数据核字 (2019) 第 057377 号

从政方略三千言

策划编辑：谭　洁
责任编辑：翟　桐
责任印制：刘　慧
出版发行：中央编译出版社
地　　址：北京市海淀区北四环西路 69 号（100080）
电　　话：（010）55627391（总编室）　（010）55627302（编辑室）
　　　　　（010）55627320（发行部）　（010）55627377（新技术部）
经　　销：全国新华书店
印　　刷：佳兴达印刷（天津）有限公司
开　　本：710 毫米 ×1000 毫米　1/16
字　　数：102 千字
印　　张：18.5
版　　次：2019 年 11 月第 1 版
印　　次：2023 年 1 月第 2 次印刷
定　　价：68.00 元

新浪微博：@ 中央编译出版社　　微　信：中央编译出版社（ID: cctphome）
淘宝店铺：中央编译出版社直销店（http://shop108367160.taobao.com）
　　　　　（010）55627331

本社常年法律顾问：北京市吴奕赵阎律师事务所律师　闫军　梁勤
凡有印装质量问题，本社负责调换，电话：（010）55626985

目 录

第一辑　思想方略 …………………… 001
第二辑　决策方略 …………………… 027
第三辑　用人规律 …………………… 043
第四辑　执行方略 …………………… 067
第五辑　发展方略 …………………… 089
第六辑　创新方略 …………………… 115
第七辑　取信方略 …………………… 127
第八辑　领导方略 …………………… 137
第九辑　组织方略 …………………… 169
第十辑　交往方略 …………………… 193
第十一辑　自律方略 ………………… 217
第十二辑　学习方略 ………………… 249
第十三辑　做人方略 ………………… 267
后　　记 ……………………………… 291

第一辑　思想方略

1. 时代是思想之母,实践是理论之源。
2. 理想因其远大而为理想,信念因其执着而为信念。
3. 对中国问题的分析和洞察有赖于哲学思维的"放大镜"和"显微镜";对中国道路的探索深深得益于历史唯物主义的实践智慧。
4. 照亮外部空间的是知识之光,而照亮人内心深处的是智慧之光。
5. "术"仅仅是一种工具,必须在"道"的指引下合理运用。
6. 国之大计,系于理念。
7. 思想决定境界、定位品格、左右观念、引领行动。
8. 信仰的力量无坚不摧,伟大的精神薪火相传。
9. 欲事立,须是心立。
10. 没有英雄的力量来支撑民族的脊梁,再多的国家财富也只会把自己压得卑躬屈膝。

11. 有了政治上的坚定，才有敬业乐业的行动。

12. 为民是领导干部必须之价值取向。

13. 旗帜决定方向，方向决定道路，道路决定命运。

14. 参天之木，必有其根；怀山之水，必有其源。

15. 有无健康的生命本能，有无崇高的精神追求，这是决定生命质量的两个基本要素。

16. 科学决策能力和驾驭全局能力来源于丰富、活跃且开放的理论思维。

17. 星星之火，可以燎原。

18. 弄错第一颗纽扣的人，一定不能扣完全部的扣子。

19. 思想影响习惯，习惯影响性格，性格影响人生。

20. 每个前进的时代都有英雄，每个向上的民族都需要英雄精神的滋养。

21. 理念决定方向，认识决定行动。

22. 思想上失一寸，行动上偏一尺。

23. 如果一个人不知道他要驶向哪个码头，那么任何风都不会是顺风。

24. 心常用则活，不用则窒；常用则细，不用则粗。

25. 理想是指路明灯，信仰是定海神针。

26. 经世须理论，致用要方法。

27. 没有信仰的生命是可怜的生命；失去对自己信仰的支配，就像失去对自己生命的支配一样。

28. 真理薪火相传，恰因信仰如磐。

29. 大逻辑就是大道理。

30. 没有光大，再伟大的精神血脉也难以传承；没有传承，再丰厚的精神也难有价值。

31. 根本固者，华实必茂；源流深者，光澜必章。

32. 成功总是跟认识全面、善于应变联系在一起的。

33. 落其实者思其树，饮其流者怀其源。

第一辑　思想方略

34. 法律要发挥作用，首先全社会要信仰法律；道德要得到遵守，必须提高全体人民道德素质。

35. 要有心忧天下、经时济世的志向；要以家国情怀关注社会现实，在实践中汲取养分、丰富思想。

36. 理想信念的价值在于坚定不移，理想信念的威力在于脚踏实地。

37. 教条主义从书本和原则出发，经验主义从臆想和经验出发。

38. 思想上政治上的路线正确与否是决定一切的。

39. 忘记初心就会失去人心，即使赢在起点，也会输在转折点，无法胜利到达终点。

40. 政治上清醒，才能行动上自觉；政治上坚定，才能经得起考验。

41. 思想防线被攻破了，其他防线就很难守住。

42. 理想信念动摇是最危险的动摇，理想信念滑坡是最危险的滑坡。

43. 信仰纯正，则众邪不侵；信念缺失，乃百病之源。

44. 信仰就是希望，目标就是方向。

45. 舟循川则游速，人顺路则不迷。

46. 思想是行动的先导，理念是实践的指南。

47. 奇迹是信仰最宠爱的孩子。

48. 人生如屋，信念如柱；柱折屋塌，柱坚屋固。

49. 理想在奋斗中才能彰显，信念在坚忍中才可铸就。

50. 信仰不坚定，行动就盲从。

51. 最可怕的敌人，就是没有坚强的信念。

52. 信念，可以使人透过失望看到希望；可以使人从逆境中奋进；可以让人从失败中走向成功。

53. 没有科学理论支撑，一个政党将失去灵魂；没有共同理想支撑，一个组织将失去方向；没有理想信念支撑，一个党员领导干部将失去追求。

54. 真理在心，尘念自息。

55. 真正的忠诚源于觉悟，坚定的追随来自认同。

56. 思想决定方向，方向决定命运。

57. 理想指引人生方向，信念决定事业成败。

58. 强国先要强民，强民先要强魂。

59. 果实熟透了才可以采摘，思考沉稳了才能充分表达。

60. 喷泉的高度不会超过它的源头，人的成就不会超过他的信念。

61. 理论所依的道理从常识来，常识是对寻常事实的认定。

62. 人的伟大就在于思想。

63. 心正方能产生正确的思想，才能拥有高尚的品德。

64. 理智要比心灵更高，思想要比感情可靠。

65. 人生最重要的价值是心灵的幸福，而不是任何身外之物。

66. 思维造就思路，思路决定出路。

67. 一切的竞争都是脑力的竞争。

68. 定力源于信仰，信仰铸就忠诚。

69. 生命的法则就是信仰的法则。

70. 信仰是人生的动力。

71. 信仰是一种无坚不摧的伟大力量。

72. 信仰坚定，才能对党忠诚、心存敬畏；信仰永恒，才能牢记宗旨，照亮生命。

73. 扎稳忠诚根基，信仰才会坚如磐石。

74. 理论上清醒，政治上才能坚定。

75. 理论指导实践，引领未来；文化滋养人心，给人力量；道路指引方向，坚定人心。

76. 一个人如果没有脊梁，就站立不起来；如果没有信仰，精神世界就会坍塌。

77. 理想信念坚定，骨头就硬；理想信念丧失，就会得"软骨病"。

78. 革命理想高于天，红色基因代代传。

79. 理想的路是为有信心的人预备的。

80. 成功的秘诀，在永不改变既定的目标。

81. 万物有所生，而独知守其根。

82. 万物皆逝，唯有精神永存。

83. 成功的信念在人脑中的作用就如闹钟，会在需要时将自己唤醒。

84. 换个方法思考，能够使问题变简单。

85. 当知道自己迷惑时，并不可怜；当不知道自己迷惑时，才是最可怜的。

86. 理想和现实总是有差距的，幸好还有差距，不然，谁还稀罕理想？

87. 没有当下，哪有未来？

88. 哲学是一种学养，是一种"以真理指导行为"的努力。

89. 困难是真理诞生的地方，也是认识真理的好学校。

90. 历史从哪里开始，思想进程也应当从哪里开始。

91. 耐心的思索、独立的思考、清晰的思维对于每个人来说都是至关重要的。

92. 哲学演变的根源要到社会史中去找，历史演变的规律要借助哲学的思辨来把握。

93. 观念决定行为,思想决定深度。

94. 生命的力量就是一个人思想的力量,只有做到了独立思考,生命才有力量。

95. 历史的细节往往蕴含着深刻的启示。

96. 思想是本,行动是形,本正则形立。

97. 思想转变是作风转变的先导,通过作风转变能透视思想转变。

98. 人只要有理想,有预设的美好未来,什么都能挺过去。

99. 知识并不能等同智慧,知识没有办法解决信仰问题。

100. 觉悟了,才能心明眼亮,识别出什么是鲜花、什么是毒草,什么是阳光大道、什么是人生陷阱;觉悟提高了,才能找到自己行为的准星,任何时候都经得起诱惑,躲得过围猎,守得住底线。

101. 思想上坚信不疑,所以意志上坚韧不拔。

102. 定力弱者事必衰，定力强者事定成。

103. 一个人的思想有多远，他就有可能走多远。

104. 观古今于须臾，抚四海于一瞬。

105. 真理诞生于若干个问号之后。

106. 新时代催生新思想，新思想指引新征程。

107. 改造思想的过程，就是不断剔除思想杂质、校正思想偏差、解决思想问题、升华思想境界的过程。

108. 离开理论指导的实践是盲目的实践。

109. 思路决定出路，规划引领发展。

110. 用辩证唯物主义和历史唯物主义驾驭现实，以历史、哲学和文化的思考支撑信心。

111. 大道之行，天下为公。

112. 一个没有精神力量的国家难以自立自强，一项没有文化支撑的事业难以持续长久。

113. 只要精神不滑坡，办法总比困难多。

114. 大道至简,唯正是本。

115. 世间事,唯正者昌,唯正道胜。

116. 正面声音不响亮,各种杂音就甚嚣尘上;党的色彩不鲜明,其他杂色就乱花迷眼。

117. 没有哲学思维,心灵难以安稳。

118. 一个时代有一个时代的文艺,一个时代有一个时代的精神。

119. 信念是建立在目标基础之上的,愿景可以产生强大的驱动力。

120. 思想是灵魂,制度是筋骨;两者结合,便能塑魂治心,强筋健骨。

121. 责任和担当是家国情怀的精髓。

122. 理想信念是人生的定盘星,也是奋斗的原动力。

123. 只有从思想上真正认识到奋斗的价值与意义,才能将口号变成行动指南。

124. 人类的幸福和欢乐在于奋斗,而最有价值的是为理想而奋斗。

125. 初心是一切美好的本愿。

126. 新时代提出新课题，新课题催生新理论，新理论引领新实践，新实践需要谋新篇。

127. 一个新时代的到来，总是以新思想、新方略为标志；一个新时代的前行，必须有新思想、新方略来指引。

128. 党章规定的理想信念宗旨就是共产党人的"德"，党性教育是共产党人的"心学"。

129. 思想决定行动，认识决定成败。

130. 有了坚定的信念，才有用之不尽的工作激情，才能朝着目标执着远行。

131. 使命就是意义。

132. 不忘初心，人民幸福始终挂心上；牢记使命，民族复兴永远是追求。

133. 拥抱新时代，展现新气象；踏上新征程，实现新目标。

134. 历史的长河，翻滚着昨日辉煌的浪涛；时代的琴弦，弹奏出今朝奋进的旋律。

135. 历史长河奔流不息，在重要节点发生的事件，将影响历史发展的方向。

136. 新时代，为民族复兴接好棒，为社会主义续新篇，为世界文明添光彩。

137. 理论因其科学而具有穿透力，思想因其丰富而充满解释力。

138. 新的历史方位呼唤新的思想论断，新的时代使命呼唤新的思想指引。

139. "强"起来的中国、"近"起来的目标，更加需要"强"起来的理论、"新"起来的思想。

140. 百年征途谋新篇，雄心壮志启新程。

141. 思想的田野，如果科学真理不去占领，就会杂草丛生；心灵的空间，如果阳光雨露不去播撒，就会阴暗笼罩。

142. 心中有信仰，脚下有力量。

143. 理论的变革是深刻的变革，思想的突破是根本的突破。

144. "心正"方能走远、行稳、不偏。

145. 谁心存敬畏，并且愿意为国家建功立业，谁就拥有了真正的自由，未来海阔天高。

146. 没有信仰，就没有名副其实的品行和生命。

147. 一个人没有信仰，会成为失去方向感的陀螺；一个国家没有信仰，与一盘散沙无异。

148. 点燃信仰的火花，方能找准人性良知、绷紧道德底线、谨守行为规范。

149. 捧着一颗心来，不带半根草去。

150. 明大德、守公德、严私德，做到以德自立、以德施政、以德服众。

151. 意志清醒才能克制私欲、从不逾矩，志向清晰才会志之所驱、不受干扰。

152. 智是进德之基。

153. 不懂历史的人没有根，忘记历史的民族没有魂。

154. 思想进步是社会进步的基础，心态和谐是社会和谐的核心。

155. 忘记了远大理想，不是合格的共产党员；有了理想但不付诸行动，同样不是合格的共产党员。

156. 民心，可敬、可亲、可爱；民意，有智、有情、有愿。

157. 只有思想上弄通了，理论上清醒了，才会接受理论、拥护理论，把理论当成信仰；只有理论成了信仰，政治上才会更加坚定，行动上才会更加自觉。

158. 没有清醒的头脑，再快的脚步也会走歪；没有谨慎的步伐，再平的道路也会跌倒。

159. 唯有立志坚，方能终济事。

160. 意识形态安全是第一位的，思想舆论阵地一旦被突破，其他防线就很难守得住。

161. 很多时候改变了世界观就改变了世界。

162. 思想指导行动，理论引领道路；任何事业都离不开理论的指引。

163. 高贵者最寂寞，思想者最孤独。

164. 行到水穷处，坐看云起时。

165. 人，有了物质才能生存；人，有了理

第一辑　思想方略

想才谈得上生活。

166. 人无精神则不立,国无精神则不强。

167. 信念不灭,就能创造奇迹。

168. 物质欲望越膨胀,思想信仰就越少。

169. 一切大的政治错误没有不是离开辩证唯物论的。

170. 要活在希望之中,只要有希望有信仰,人就不会那么焦虑。

171. 不忘初心,成就大我;是跑偏脱轨,还是跑到终点,取决于是否永葆一颗初心。

172. 比成功更宝贵的是追求本身。

173. 记忆是智慧之母。

174. 人的行动是受思想驱使的,思想认识的深度决定行动的高度。

175. 思想有多远,双脚才能走多远。

176. 共产党员的初心就是为人民谋幸福。

177. 理论唯有常新才能常青。

178. 掌握思想领导是掌握一切领导的第一位。

179. 视野开阔与否，取决于对知识掌握的多少，取决于思想理论水平的高低。

180. 以科学的态度对待科学，以真理的精神追求真理。

181. 树高叶茂，系于根深。

182. 执道循理，必从本始。

183. 悟出来的东西，才是属于自己的。

184. 逻辑就是事物发展的规律性、就是思路；说话要有逻辑，做事要符合逻辑。

185. 真正的智慧不仅在于明察眼前，而且还在于能预见未来。

186. 成功不是条件是信念，成功不是方法是想法。

187. 许多人不是不愿接受新观念，而是不愿抛弃旧观念。

188. 目标再远大，终离不开信念支撑。

189. 思想决定行动，思想统一才能步调一致。

190. 江河万里总有源，树高千尺也有根。

191. 理想信念的坚定，来自思想理论的坚定。

192. 思想兴，国家兴；思想强，国家强。

193. 理想越远大，心胸就越宽阔；目标越宏伟，思想就越坚定。

194. 生命里最重要的事情是要有个远大的目标，并借才能与坚毅来达成它。

195. 理想是一个人的高度。

196. 只有读了、知了，然后再思了，才能悟。

197. 希望是生命的源泉，失去它生命就会枯萎。

198. 有定力就会正念坚固，如净水无波，不随物流、不为境转，光明磊落、坦荡无私，不被假象所迷惑，不为名利而动心。

199. 深思是种智慧，深思是种成熟，深思益于明理。

200. 良好的精神状态，是做好一切工作的重要前提；良好的社会心态，是社会和谐运转的基础。

201. 山有脊梁而巍峨，人有精神而挺立。
202. 善思则睿智。
203. 没有理想驱动的现实是盲目的，没有现实支撑的理想是虚无的。
204. 忠诚没有休止符，觉悟永远在路上。
205. 思想是历史实践的精华；它源自时代，又驱动时代向着既定的目标稳步前行。
206. 人所缺乏的不是才干而是志向，不是成功的能力而是勤劳的品质。
207. 历史是时代的坐标，哲学是人生的坐标。
208. 信仰的力量在于笃行。
209. 思维定广度，理念定宽度，智慧定深度。
210. 虔诚，如果缺失知识，就是愚昧；虔诚，如果缺失理智，就是迷信。
211. 一次深思熟虑，胜过百次草率行动。
212. 精神在，脚步就不会停。
213. 成就的大小，超不过思想境界的高度。
214. 胸怀忠诚，就能入火海而不退缩、遇

第一辑 思想方略

烟雾而不迷失、出淤泥而不沾染、临诱惑而不动摇。

215. 没有正确的政治观点，就等于没有灵魂。

216. 欲使人亡，必先使其狂。

217. 信仰是支撑一个人对真善美不懈追求的力量源泉；精心涵养、融会贯通，一定可以在信仰的光辉下事有所成、功有所得。

218. 历史是思想的助推器，也是思想的过滤器。

219. 没有思想解放就没有改革开放，没有改革开放就没有今日中国。

220. 精神爽奋则百废俱兴，肢体怠弛则百兴俱废。

221. 精神不运则愚，血脉不运则病。

222. 辩证思维方法是所有方法的统帅和灵魂。

223. 闪电过后才是雷鸣，观念变革总在行动之先。

224. 割断历史，人将丧失精神家园。

225. 破山中贼易，破心中贼难。

226. 没有思想的行动是盲目的行动，不能付诸行动的思想是苍白的思想。

227. 一个人追求的目标越高，他们的才力就发挥得越快，对社会就越有益。

228. 世界被思想推动，人被信念推动。

229. 世界观和方法论是统一的。

230. 忠诚是立足于世的基石。

231. 责任高于一切。

232. 只有精神力才能催生战斗力。

233. 知识不如智力，智力不如素质，素质不如觉悟。

234. 觉悟是激发人的潜力的最主要的动力。

235. 生命因为使命而升华，历史因为使命而变化。

236. 智慧是战胜险难的钥匙，勇气是战胜险难的力量。

237. 为坚守忠诚所付出的代价，得到的是荣誉；为丧失忠诚所付出的代价，得到的是耻辱。

238. 离开不断变化的实际谈马克思主义，没有任何意义；把马克思主义教条化、凝固化，没有不犯错误的。

239. 思想经过碰撞，才能迸发出火花；理论经过切磋，才能得到升华。

240. 有恒为成功之本。

241. 祸兮福所倚，福兮祸所伏。

242. 有光就有影。

243. 甘蔗没有两头甜。

244. 社会的最高境界是和谐，心灵的最高境界是安详。

245. 思想理论素质是领导素质的灵魂。

246. 干部思想的进步是一切工作进步的枢纽。

247. 解放思想的关键是转变观念。

248. 寂然凝虑，思接千载。

249. 理想是基石，信念是动力。

250. 信仰不等于实践，实践也不等于成功。

251. 思想就是力量。

252. 名非天造，必从其实。

253. 概念的背后是理论，理论的背后是相应的实践。

254. 只有信念坚定的人才能收获成功。

255. 一个人，若思想通透了，行事就会通达，内心就会通泰，有欲而不执著于欲，有求而不拘泥于求，活得洒脱，活得自在。

256. 伟大事业需要旗帜引领，伟大征程需要核心领航。

257. 一切问题的关键在政治，一切政治的关键在民众。

258. 信仰是生命的力量。

259. 思想是会享用它的人的财产。

260. 科学的理论，跨越历史闪耀真理的光芒；伟大的思想，超越时代激发信仰的力量。

261. 一个能思想的人，才真正是一个有无边力量的人。

262. 行成于思。

263. 不认识矛盾，便不能认识规律。

264. 人生总有起落，精神终可传承。

265. 国家之魂，文以化之，文以铸之。

第二辑　决策方略

266. 只有观大势、谋大局，才能成大事。

267. 摸着石头过河和加强顶层设计是辩证统一的。

268. 在做出一项决定或制定一个政策时，一定要考虑到长远利益和眼前利益的辩证关系，摆脱传统的思维定式和单向思维，提倡开拓性思维。

269. 未雨绸缪，方能胸有成竹。

270. 选择就是选择，不选择也是一种选择。

271. 战略的失败是最彻底的失败。

272. 调查不够不决策，条件不备不行动。

273. 审机独断，往往成功。

274. 笔底伏波三千丈，胸中藏甲百万兵。

275. 神奇的预言是神话，科学的预言是事实。

276. 要预测未来，必须熟悉过去，立足于现在。

277. 求真务实才会有科学决策。

278. 顾小而忘大，后必有害；狐疑犹豫，后必有悔。

279. 大处着眼,登高望远;小处着手,积微成著。

280. 高瞻远瞩的人,可能看不清细节;深谋远虑的人,可能看不见眼前。

281. 预测未来不是被动的,而是塑造未来的先决条件。

282. 以微观调研把握宏观中国,用战略思路观照现实国情。

283. 最大的危险是看不见危险,最大的问题是看不到问题。

284. 不患无策,只怕无心。

285. 抓大放小,准确而果断地拍板。

286. 不在生气时做决定,不在高兴时许诺言。

287. 中军帐运筹帷幄,一盘棋车马分明。

288. 没有了解,就没判断;只有了解,才有判断;了解必须在前,判断只能在后。

289. 预判风险所在是防范风险的前提,把握风险走向是谋求战略主动的关键。

290. 抓住了重点就抓住了全局,丢掉了重点就丢掉了全局，正所谓"一着不慎，满盘皆输"。

291. 未雨绸缪才能把握主动，防患于未然方能化险为夷。

292. 战略成功需要"开天眼"，更需要"接地气"。

293. 制定战略就是不断学习的过程。

294. 有比较，才会有选择。

295. 货比三家知好赖，人比三事知长短。

296. 最可怕的是该听的意见没听，不该听的意见却影响了你。

297. 机者如神，难遇易失。

298. 若没有计划好，那注定要失败。

299. 有时获得了战术价值，恰恰却丧失了战略的价值。

300. 该放弃的决不挽留，该珍惜的决不放手。

301. 鉴前世之盛衰，考当今之得失。

302. 外疾之害，轻于秋毫，人知避之；内疾之害，重于泰山，而莫之避。

303. 一百个行动也无法挽救一个错误的决策。

304. 为政之道，务于多闻。

305. 凡益之道，与时偕行。

306. 分析在前，动手在后。

307. 过于看重风险，结果错失良机。

308. 问题的复杂性，通常不来自问题本身，而是因为解决问题的方法远离原点。

309. "火候"不到莫拍板，以免"拍走板"；该拍板时要拍板，以免"黄了板"；"板"定法随敢"打板"，以免"空拍板"。

310. 方案无足轻重，规划至关重要。

311. 向前展望，倒后推理。

312. 三个臭皮匠胜过一个诸葛亮。

313. 所有的选择都要付出代价，没什么选择能够十全十美。

314. 凡系统必有结构，系统结构决定系统功能。

315. 给复杂的世界确定一个简单的目标，有时只会适得其反。

316. 只有紧跟潮流、推动潮流，才有机会超越；只有永远面向未来，才可能拥有未来。

317. 不怕不识货，就怕货比货；在比较中认识事物。

318. 大处谋势，小处谋子。

319. 失去想象和准备，生活会变得索然无味；缺少策划与谋略，成功就犹如水中之月，可望而不可即。

320. 擎起策划的大旗，将使目标清晰可见。

321. 预测未来的方式，就是去创造未来。

322. 需求是最好的机会。

323. 有时候，负面信息也是决策关键。

324. 当人人都有绝招的时候，绝招就再也不是绝招了。

325. 一件事被所有人都认为是机会的时候，其实它已不是机会了。

326. 运筹帷幄之中，决胜千里之外。

327. 心病终须心药医，解铃还须系铃人。

328. 轻则寡谋，骄则无礼。

329. 观念是开关,思路是出路。

330. 非一则不能成两,非两则不能致一。

331. 树德务滋,除恶务本。

332. 禁微则易,救末者难。

333. 群众的眼睛是雪亮的,群众的意见是我们最好的镜子。

334. 小事慎重,大事自成。

335. 未来存在于现实之中。

336. 预测未来最可靠的方法就是立足现实。

337. 利可共而不可独,谋可寡而不可众。

338. 天下之患,最不可为者,名为治平无事,而其实有不测之忧。坐观其变,而不为之所,则恐至于不可救。

339. 任事者当置身利害之外,建言者当设身利害之中。

340. 方位清,则方向明;定位准,则思路清;站位高,则眼界宽。

341. 追求大创见的同时,不要丢失小想法。

342. 哲学并非预言。

343. 没有预测的预见,只能是空洞洞的预见；没有预见的预测，只能是干巴巴的数据。

344. 战略预见是治国之道，未来预测是治国之术。

345. 战略就是选择，而选择意味着放弃；有"舍"才能"得"，大"舍"才能大"得"。

346. 不打无准备之仗，也不打有准备无把握之仗。

347. 发现问题且正确认识问题，才能更好地解决问题。

348. 往历史的纵深看多远，对未来就能看多远；越有历史感，越能把明天看清楚。

349. 制定政策不是写文章，不能脱离实际搞逻辑推演，形式完美、结构严密，却内容庞杂、程序繁琐，让人看不懂记不准做不到。

350. 宏观与微观的结合，应是宏观中能具体，微观中有通识。

351. 有一种失败是致命的,那就是战略上的失败。

352. 人民的需要,国家的需要,这就是一切追求的原点。

353. 没有痛苦就没有收获。

354. 先了解后决定。

355. 不要把概率当作可能性。

356. 最好的选择是好处多于坏处的选择,不是毫无坏处的选择。

357. 撇掉无关细节,让重要因素及其相互关系呈现出来。

358. 拥抱现实并妥善应对现实至关重要。

359. 发现问题时,要把结果与目标相对照。

360. 计利应计天下利,求名当求万世名。

361. 智者谋定而后动,明者思妥而后行。

362. 上面偏一寸,下面偏一尺。

363. 主好要则百事详,主好详则百事荒。

364. 选对方向远比努力做事重要。

365. 欲说者务隐度,计事者务循顺。

366. 战争固然是力量的竞争,同时也是智慧的角逐。

367. 定位准才能方向明。
368. 知标本者，万举万当；不知标本者，是谓妄行。
369. 策略、规划第一，绝不盲目行动。
370. 上不紧，下不忙。
371. 掌握时机与善用策略同样重要。
372. 远见才能远行，大智才能大治。
373. 想好了坚定果断地去做，没想好的坚决不做。
374. 获得好主意的最佳方法就是获得好多主意。
375. 重要之事绝不可受芝麻绿豆小事牵绊。
376. 若要建成大厦，必先绘制蓝图；有什么样的目标，就有什么样的人生。
377. 不求近效，铢积寸累。
378. 观风俗，知得失。
379. 谋无主则困，事无备则废。
380. 问题不在有没有机会，而在于机会来的时候准备好了没有。

381. 视而使之明，听而使之聪，思而使之正。

382. 立善法于天下，则天下治；立善法于一国，则一国治。

383. 目贵明，耳贵聪，心贵智。

384. 得时者昌，失时者亡。

385. 将治大者不治细，成大功者不成小。

386. 文化自信是民族自信的源头。

387. 做好统筹兼顾，善于弹好钢琴。

388. 只有全局在胸，才能有把握地走好每一步棋。

389. 没有调查，就没有决策权。

390. 当机立断，决策不可优柔寡断。

391. 好的时候不要看得太好，差的时候不要看得太差。

392. 不清不见尘，不高不见危，不广不见削，不盈不见亏。

393. 政之求在于盛世太平，民之需在于生活富裕。

394. 关注的系统过于宏观，会大而不当；

过于微观则会过于细化、琐碎。

395. 推动经济社会健康发展，不仅要有正确思想和政策，而且要有正确工作策略和方法。

396. 凡事思所以然，天下第一学问。

397. 正确的决策离不开调查研究，正确的贯彻落实同样离不开调查研究。

398. 获得感是衡量政策好坏的重要标尺。

399. 鱼和熊掌，不可兼得。

400. 科学是将领，实践是士兵。

401. 为政之道，以顺民心为本，以厚民生为本，以安而不扰民为本。

402. 办事依法，遇事找法，解决问题用法，化解矛盾靠法。

403. 法律是红线，党纪是底线，党员干部两者均不可逾越。

404. 谋划工作要运用法治思维，处理问题要运用法治方式，说话做事要先考虑是不是合法。

405. 权力是把双刃剑，在法治轨道上行使可以造福人民，在法律之外行使则必然祸害国家和人民。

406. 预判风险是防范风险的前提，把握风险走向是谋求战略主动的关键，风险跟踪是驾驭风险的保障。

407. 没有预见就没有领导。

408. 不做没有结果的计划。

409. 选准目标等于成功一半。

410. 利民之事，丝发必兴；厉民之事，毫末必去。

411. 夫曲思于细者，必忘其大；锐精于近者，必略其远。

412. 修养身心、端正举止，不可不谨慎；谋划考虑关键的事情，不可不细密。

413. 管理是把事情做好，领导则是做正确的事情。

414. 先画靶子再打枪。

415. 壹引其纲，万目皆张。

416. 会思考才会有好办法，没有系统的思考就不会有系统的工作。

417. 谋先事则昌，事先谋则亡。

418. 察势者智，顺势者赢，驭势者独步天下。

419. 期待什么，往往会得到什么。

420. 大局清则方向明，方向明则思路清。

421. 慎重初始，坚持一贯。

422. 知屋漏者在宇下，知政失者在草野。

423. 不到"火候"即拍板，会坏事；"火候"到了不拍板，会误事。

424. 政贵有恒。

425. 战略不是冗长的行动计划，而是依据不断变化的环境而革新的核心观念。

426. 调研是方法和手段，根本目的在于能够推动工作，既要"十月怀胎"也得"一朝分娩"。

427. 该集体决策的事项，不能个人说了算；该履行的程序，不能说改就改；该坚持的制度，不能因个人好恶而存废。

428. 搞清楚真相之前，且慢做决定。

429. 百虑而一致，殊途而同归。

430. 要从全局看"形",应从长远看"势"。

431. 诚实是最好的政策。

432. 形势决定任务,目标决定路径。

433. 唯有思路清,方可方向明。

434. 知大局,才能明大势;明大势,才能因势而谋、因势而动、因势而进。

435. 未雨绸缪,比临危不惧更聪明。

436. 当局者迷,旁观者清。

437. 得其大者可以兼其小。

438. 重大问题让群众知晓,重大事项经群众协商,重大决定经协商决定。

439. 改革千难万难,问计于民就不难。

440. 来而不可失者,时也;蹈而不可失者,机也。

441. 先调研后决策。

442. 决定就是选择,选择就是舍得。

443. 所有的一切都应该是筹划好的。

444. 总体把握心中有数,"瞻前顾后"差错便少。

445. 登高才能望远,鉴往才能开来。

第三辑　用人方略

446. 培养一群善于解决问题的人，而不是自己去解决所有问题。

447. 时势造就人才，民众孕育人才，实践产生人才。

448. 人才投入是赢得未来、效益最大的战略性投资。

449. 政治过硬的干部，才能"靠得住"；本领高强的干部，才能"干成事"。

450. 用人如器，各取所长。

451. 水不激不扬，人不激不奋。

452. 监督关口要前移，防病于未萌；监督体检须趁早，查病于初起；监督探头常开启，治病于日常。

453. 响鼓也需重锤，严管方显厚爱。

454. 缺少政绩，领导干部就不足以担当起相应的领导责任；政绩不足，领导就失去了继续领导的资格。

455. 为敢于担当的干部担当，为敢于负责的干部负责，让有为者有位，让吃苦者吃香，让能者上庸者下劣者汰。

第三辑　用人方略

456. 严在当严处,爱在细微中。

457. 厚爱不能代替严管,信任不能代替监督。

458. 越是尊重人才、公正用人,越能吸收人才、聚集人才。

459. 为担当者担当,让干事者无忧。

460. 人材者,求之则愈出,置之则愈匮。

461. 做事业,大才不可荒废,小才也不可或缺,而大才小才兼收并蓄方能更得心应手。

462. 能吏寻常见,公廉第一难。

463. 判断一个干部好不好,信念坚定是首要的标尺。

464. 敢干事,就是德;会干事,就是能;干成事,就是绩;不出事,就是廉。

465. 把好选人用人"入口关",才能有效阻断腐败增量,切实减少腐败存量。

466. 坚其志,苦其心,勤其力,事无大小,必有所成。

467. 不出事不是本事,能干事、干成事、不出事才是本事。

468. 口能言之，身能行之，国宝也；口不能言，身能行之，国器也；口能言之，身不能行，国用也；口言善，身行恶，国妖也。

469. 工欲善其事，必先利其器。

470. 为职择人则治，为人择职则乱。

471. 挽弓当挽强，用箭当用长。

472. "潜"是"显"的基础，"显"是"潜"的结果，显绩的持续增长离不开潜绩的牢固支撑。

473. 不知人之短，不知人之长，不知人长中之短，不知人短中之长，则不可以用人。

474. 器必试而后知其利钝，马必驾而后知其驽良。

475. 试玉要烧三日满，辨材须待七年期。

476. 任贤必治，任不肖必乱。

477. 猪圈难养千里马，花盆难种万年松。

478. 一棵小树在大树的庇荫下，很难茁壮成长。

479. 水激石鸣,人激志宏。

480. 养鸟先栽树,留人先留心。

481. 甘瓜苦蒂难完美,有棱有角是人才。

482. 求木之长者,必固其根本。

483. 千夫之诺诺,不如一士之谔谔。

484. 不以言举人,不以人废言。

485. 记人之长,忘人之短。

486. 得之于身者得之人,失之于身者失之人。

487. 举事以为人者,众助之;举事以自为者,众去之。

488. 诛一乡之奸,则一乡之人悦;诛一国之奸,则一国之人悦。

489. 好鼓一打就响,好灯一拨就亮。

490. 打柴问樵夫,驶船问艄公。

491. 香花不一定好看,会说不一定能干。

492. 贡献再多,傲不可长;成绩再大,躁不可纵。

493. 领导是一种变革的力量,管理则是一种程序化的控制。

494. 适用为才，不适为害。

495. 建官惟贤，位事惟能。

496. 用人就是培养人。

497. 惟其艰难，更显勇毅。

498. 不能放弃自己的优势。

499. 一群人中最安静的人往往最有实力。

500. 土能浊河，而不能浊海；风能拔木，而不能拔山。

501. 选贤用能，胆识为要。

502. 过密的田地需要间苗。

503. 橘生淮南则为橘，生于淮北则为枳。

504. 听其言，观其行。

505. 用人以公，方得贤才。

506. 不愿担责任就不该当干部，不敢担责任就不配当干部，不会担责任就不能当干部。

507. 察己可以知人，察今可以知古。

508. 凡用人之道，采之欲博，辨之欲精，使之欲适，任之欲专。

509. 审其所好恶，则其长短可知也；观其交游，则其贤不肖可察也。

510. 近水知鱼性，近山识鸟音。

511. 治本在得人，得人在审举，审举在核真。

512. 善用人者，必使有才者竭其力，有识者竭其谋。

513. 速生树材质疏松，是做不了扁担的，做了就会把担子挑翻。

514. 政治上有问题的人，能力越强、职位越高，危害就越大。

515. 言过其实，不可大用。

516. 人才自古要养成，放使千霄战风雨。

517. 善则赏之，过则匡之，患则救之，失则革之。

518. "关键少数"担负关键责任，"关键少数"要发挥关键作用。

519. 事之至难，莫如知人；事之至大，亦莫如知人。

520. 权力枢纽若有求才之心，必能成为人才枢纽。

521. 选好人、用对人，是最有效、最直接的激励。

522. 把担当者用起来，敢于担当就会蔚然成风。

523. 冒出来的不见得都优秀，但优秀者一定不会被埋没。

524. 改变人的行为，最好的办法是改变激励的方式。

525. 要警惕不会做事却会处世的人受到重用。

526. 不完美的英雄也是英雄。

527. 钢铁只有在火与水的淬炼中，才能锻造成为优质钢铁；党员只有在学与做的修炼中，才能锻炼成为优秀党员。

528. 授人以鱼，一日享用；教人以渔，终身受用。

529. 经世之道，识人为先。

530. 公道才能选贤，正派才能服众。

531. 人才成长依赖于环境，人才竞争取决于环境。

532. 观千剑而后识器。

533. 容错不是纵容,关爱不是溺爱。

534. 不乱容,不错容,才是真容错、容真错。

535. 路不险,则无以知马之良;任不重,则无以知人之才。

536. 马圈里关不住千里马,温室里养不活万年松。

537. 才高之人必有异于常人之处,对待这类人才应当着眼其长,优客厚待,发挥其最大价值。

538. 科学发展,以人为本;人才发展,以用为本。

539. 实践出真知,实践出人才。

540. 青年兴则国家兴,青年强则国家强。

541. 得贤者则安昌,失之者则危亡。

542. 无用之用,方为大用。

543. 用人必考其终,授任必求其当。

544. 选人用人导向正确则群贤毕至,选人用人导向不正则源浊流浊。

545. 物有棱角而露锋芒，人有个性而显特殊；个性不等于缺点，不能因为个性而耽误干部使用。

546. 干部的业绩出自实践，干部的名声来自民间。

547. 如果知人不深、识人不准，就容易用人不当、用人失误。

548. 天下没有无用之物，只有用之不当之物；世间没有无用之才，只有用之不当之才。

549. 既要重政绩又要重政德，既要重能力又要重品行。

550. 端正用人导向是严肃党内政治生活的治本之策。

551. 人才自古不嫌多，其中大半都未识。

552. 干事是干部的天职，担当是干部的使命。

553. 合格是要求，优秀是选择。

554. 治国之要，首在用人；用人之道，重在拴心。

555. 净化政治生态,重在选人用人。

556. 人之相识,贵在相知;人之相知,贵在知心。

557. 一名领导者的成长是主动学习与经验积累的结合体。

558. 凡是树,就会努力生长;凡是人,就不会无端堕落。

559. 木秀于林靠固本,人显于众靠自身。

560. 环境好,则人才聚;环境不好,则人才散、事业衰。

561. 千秋基业,人才为先;治国之要,首在用人。

562. 致天下之治者在人才,得人才者兴,失人才者衰。

563. 凤飞千仞,非梧不栖。

564. 盖有非常之功,必待非常之人。

565. 种树者必培其根,种德者必养其心。

566. 震天下者必先震之于声,导人心者必先导之于言。

567. 选什么人,用什么人,忠诚、能力、形象缺一不可，必须从担当看忠诚，从实绩看能力，从作风看形象。

568. 用当其时，尽显其才。

569. 用人者，取人之长，避人之短；教人者，成人之长，去人之短也。

570. 任贤勿贰，去邪勿疑。

571. 和以处众，宽以接下，恕以待人。

572. 任能者责成而不劳，任己者事废而无功。

573. 有德无才难当大任，不可不慎用；有才无德，其才以济其奸，重用了会更危险。

574. 育才造士，为国之本。

575. 行之苟有恒，久久自芬芳。

576. 率先垂范身为先。

577. 厚赏重罚是利器。

578. 有才无德，行而不远。

579. 士有百行，以德为首。

580. 治平尚德行，有事赏功能。

581. 迁善改过，方能成己成人。

582. 千军易得,一将难求。

583. 礼贤下士则群贤毕至。

584. 举贤之道在于公正。

585. 量才授任,人事相宜。

586. 政在得人,不在员多。

587. 只有专业,才能卓越。

588. 选人用人不仅要用其所长,而且要看到尺短寸长,善于化短为长。

589. 观察干部对重大问题的思考以看其见识见解,观察干部对群众的感情以看其禀性情怀,观察干部对待名利的态度以看其境界格局,观察干部的为人处世方式以看其道德品质,观察干部处理复杂问题的能力以看其综合素质。

590. 听言不如观事,观事不如观行。

591. 仁善厚道之人,有温和柔顺之色;勇敢顽强之人,有激奋亢厉刚毅之色;睿智慧哲之人,有明朗豁达之色。

592. 刚柔天成,偏才居多,量才适用,有容乃大。

593. 事之至难，莫如知人。

594. 失败时看人本领，关键时看人勇气，失意时看人忠诚，危急时看人决断。

595. 识人贫贱知其志向，识人壮伟知其抱负，识人危难知其韬略。

596. 人不可无刚，无刚则不能自立，不能自立就不能自强，不能自强也就不能成就一番功业。

597. 人不可无柔，无柔则不亲和，不亲和就会陷入孤立，自我封闭，拒人于千里之外。

598. 没有激情的人近乎愚笨。

599. 识人禀性知其优劣，识人实践知其才能，识人争辩知其才学。

600. 仁厚的人看到别人的长处，挑剔的人看到别人的短处；谦虚的人学别人的长处修炼自己，自大的人借别人的短处膨胀自己；乐观的人学习别人而激励自己，悲观的人自惭形秽而放纵自己。

601. 要有百步穿杨之功，须有良弓在握。

602. 大事难事看担当，逆境顺境看襟度，临喜临怒看涵养，群行群止看识见。

603. 用人密码：知人是前提，信人是关键，育人是根本。

604. 善用人者能成事，能成事者善用人。

605. 善用人才首先要知人，善任以知人为前提，不知人不可能善任，不知人只会盲用。

606. 新时代赋予新使命，新使命需要好干部。

607. 十步之间，必有芳草；十室之邑，必有俊士。

608. 以事择人，优中选适。

609. 得人之道，在于识人。

610. 当严则严、当宽则宽、宽严相济，内因和外因同时发力，才能更加有效地调动和保护干部干事创业的积极性。

611. 有安全感的领导者才会授权予人。

612. 硬实力、软实力，归根到底要靠人才实力。

613. 人事有代谢，往来成古今。

614. 有德有才是正品，有德无才是次品，无德无才是废品，无德有才是毒品。

615. 行远者储粮，谋大者育才。

616. 听言必审其本，观事必校其实，观行必考其迹。

617. 高素质的核心是政治过硬，专业化的关键是本领高强。

618. 有能才有位，有位更有为。

619. 理论修养是干部综合素质的核心，理论上的成熟是政治上成熟的基础，政治上的坚定源于理论上的清醒。

620. 有识无胆是懦夫，什么事都干不成；有胆无识是莽汉，胆子越大越坏事；有胆有识才优秀。

621. 智非察不神，察非智不精。

622. 听其言量其心志，观其行测其力，析其作辨其才华，闻其誉察其品格。

623. 为政之要，贵在得人；得人之要，贵在用人。

624. 历览古今兴衰事,成败得失在用人。

625. 对人才,用当其事,以一当十;对工作,用当其人,事半功倍。

626. 吏与位,要相配。

627. 无职无责闲,有职无责懒,有职有责忙。

628. 不患无位,患无所立。

629. 认真是成功的秘诀,粗心是失败的伴侣。

630. 千琢成器,百炼成钢。

631. 为政之要,重在用人;用人之要,重在导向。

632. 好干部,要有"走在前列"的高定位,要有"敢于担当"的好品格,要有"从严从实"的硬作风。

633. 能者举能,贤者荐贤。

634. 实践长才干,历练出人才。

635. 为担当者担当,敢于担当的干部才能如春草怒生;为负责者负责,敢于负责的干部才能如洪波涌起。

636. 用人不能只会用法，也要会用情；不能只会用严，更要会用宽。

637. 培养造就接班人，不仅要有数量，还要有质量；不仅要政治过硬，还要本领高强。

638. 实践是最好的课堂，使用是最好的培养。

639. 既要做善于识人选人用人的真伯乐，又要做善于育人教人带人的勤园丁。

640. 文章写得好的，事情不一定做得好；调子唱得高的，手段不一定高。

641. 如果识人者自身居心不正，不能出以公心，那么有多少识人的理论和模型都没有用。

642. 得贤才者得天下，用贤才则天下治，治天下以用为本。

643. 着眼党的事业发展选人用人，放眼五湖四海选人用人。

644. 要把"选种育苗"和"田间管理"结合起来，既把德才兼备的好干部选出来、用起来，又要加强管理监督，及时消除腐败分子，形成优者上、庸者下、劣者汰的好局面。

645. 无私者，可置以为政。

646. 大难见忠贞，危亡看气节。

647. 鼓励实干者，厚待实干者，成就实干者。

648. 事业需要什么人就配什么人，岗位缺什么人就补什么人，把最合适的人选放到合适的岗位，做到人事相宜、人岗相适。

649. 公道对待干部，公平评价干部，公正使用干部。

650. 大格不破，大才难出。

651. 用得正人，为善者皆劝；误用恶人，不善者竞进。

652. 管理是盯出来的，技能是练出来的，办法是想出来的，潜力是逼出来的。

653. 贤而多财，则损其志；愚而多财，益增其过。

654. 不作为的要追责，不担责的要问责，不匹配的要调整,推动形成能者上、庸者下、劣者汰的导向。

655. 严管与厚爱是干部管理的核心抓手和根本依托,必须相向发力、共生共长,不能"偏科"。

656. 只有做到知人善任,将好钢用在刀刃上,才能干出实实在在的成绩。

657. 不因亲属而滥功爵,不因私仇而蔽贤能,公道对待、评价和使用每一个干部。

658. 不善于观察人的品德,就算不上会识别人才。

659. 成事之要在用人,用人之基在储才。

660. 提供舞台、鼓励作为是对干部最好的关心,也是对干部最好的保护。

661. 选准用好一个人,就等于树立一面旗帜。

662. 先察而任者昌,先任而察者亡。

663. 众恶之,必察焉;众好之,必察焉。

664. 世上无难事,亦无无用的人和物;用之合适，便是大才和大材，用得不适合，才有所谓的"废材"。

665. 让有为者有位，还须让无为者无位。

666. 实干实绩最重要，干不成事就不是好干部。

667. 智者适度乃万事如意，愚者失度乃诸事无成。

668. 以德修身、以德立威、以德服人，是干部成长的重要因素。

669. 观操守在利害时。

670. 办好党的事，关键在干部。

671. 信念坚定是好干部思想之帆，为民服务是好干部理政之旨，勤政务实是好干部行为之则，敢于担当是好干部品格之要，清正廉洁是好干部从政之本。

672. 不厚其栋，不能任重。

673. 人适其事，事得其人。

674. 人尽其才，才尽其用。

675. 不担当就是不忠诚，就不配当干部。

676. 德必核其真，然后授其位；能必核其真，然后授其事；功必核其意，然后授其赏。

677. 用公道之心，树公正之责，选正派之人。

678. 治国就是治吏。

679. 治国先治吏，国败吏先衰。

680. 用一贤人，则贤人毕至；用一庸人，则庸人齐趋。

681. 大道之行也，天下为公，选贤与能，讲信修睦。

682. 平治天下，必用正人端士。

683. 崇尚英雄才会诞生英雄，争做英雄才会英雄辈出。

684. 致天下之治者在人才，成天下之才者在教化。

685. 观人要论大节。

686. 政治不过硬，必定不可靠。

687. 人事人事，是人和事的统一，人事相依、人事竟成。

688. 选拔配备干部，要坚持事业为上、以事择人、人事相宜。

689. 干部业绩在实践，干部声名在民间。

第四辑　执行方略

690. 面对大是大非敢于亮剑，面对矛盾敢于迎难而上，面对危机敢于挺身而出，面对失误敢于承担责任，面对歪风邪气敢于坚决斗争。

691. 与其抱怨，不如改变；想要改变，必须行动。

692. 没有执行力，就没有竞争力。

693. 喊破嗓子，不如甩开膀子、干出样子。

694. 制度不执行，比没有制度危害还要大。

695. 只有行动，才能让自己获得突破，脚踏实地迈向成功。

第四辑　执行方略

696. 务实就是能力，落实就是水平。

697. 大事难事看担当。

698. 只有勇于认账、担责、整改，才能化不利为有利、变被动为主动。

699. 善学者尽其理，善行者究其难。

700. 灾害发生时，最需要的就是快速反应。

701. 开会就是要解决问题。

702. 方法是落实想法的关键一步。

703. 闭门觅句非诗法，只是征行自有诗。

704. 不是没办法,而是没有用心想办法;用心想办法,迟早有办法。

705. 要想成功,就要将"马上行动"当成自己的座右铭。

706. 要层层传递压力,不可层层推卸责任。

707. 抓落实要瞄着问题去、对着问题改;在破除瓶颈、补齐短板中提升工作水平。

708. 坚持有责必问、失责必究,真正使责任规定得到刚性执行。

709. 抓紧每一天,用足每一刻;定下来的事情要抓紧实施,尽快推进;部署了的工作就要督促检查,一抓到底。

710. 确定的目标再宏伟,提出的思路再清晰,制定的措施再具体,如果落不到实处,见不到实效,都只是一纸空文。

711. 以干事创业托起梦想,以苦干实干书写辉煌。

712. 动人以言者,其感不深;动人以行者,其应必速。

713. 好蓝图、好规划，不去抓落实，最终只能是空中楼阁、海市蜃楼。

714. 执行力，就是永远不要找借口。

715. 取法其上，得乎其中；取法其中，得乎其下。

716. 执行力，不仅知道，更要做到。

717. 抓而不紧，抓而不实，抓而不常，等于白抓。

718. 不付诸行动的理想是虚无缥缈的雾；没有理想的行动是徒走没有尽头的路。

719. "知"是基础、是前提，"行"是重点、是关键；应当以知促行、以行促知，做到知行合一。

第四辑 执行方略

720. 规划做得再好，不执行也无济于事。

721. 知道不等于就能做到。

722. 执行力的本质和内核，就是要切中要害，不留死角，解决问题。

723. 行动比承诺更重要。

724. 以行而求知，因知以进行。

725. 行动是治愈恐惧的良药，而犹豫拖延将不断滋养恐惧。

726. 任何一种世界秩序，其理想状态和现实操作，都有很大差距。

727. 标准是一把标尺、一面镜子，决定落实的质量，关系工作成败。

728. 非知之为难，唯行之为难。

729. 行动胜于回避，完成胜于完美。

730. 不要让追求之舟停泊在幻想的港湾，而应扬起奋斗的风帆，驶向现实生活的大海。

731. 世界上只有想不通的人，没有走不通的路。

732. 言之无文，行而不远。

733. 差以毫厘，谬以千里。

734. 方法是一种态度，也是一门艺术；是一种路径，也是一种方式。

735. 领导干部对重要工作要亲自部署，对重大问题要亲自过问，对关键环节要亲自协调，对落实情况要亲自督察。

736. 知行合一，方能致远。

737. 没有人能通过抱怨到达成功的顶峰。

738. 凡语必忠信，凡行必笃敬。

739. 大事必议，议而必决，决而必行，行而必果。

740. 风成于上，俗形于下；上行则下必效。

741. 形势认识不清，任务就难以落实。

742. 认识决定行动；认识上不去，行动就跟不上。

743. 定位准才能责任清，责任清才能敢担当。

744. 只要方向正确，迈出一步就是胜利。

745. 天下之事，虑之贵详，行之贵力。

746. 改革争在朝夕，落实难在方寸。

747. 凡事主动出击，一切从今天开始。

748. 惟其艰难，才更显勇毅；惟其笃行，才弥足珍贵。

749. 天上不会掉馅饼，蓝图不会自动实现，要把目标任务落到实处，必须发扬敢于担当的精神。

750. 法贵必行。

751. 志向引领行动,行动考验志向。

752. 天下之事,皆成于实。

753. 一切机遇,只有在实干中才能抓住;一切问题,只有在实干中才能解决。

754. 仅从理论出发不一定能指导实践,只有在实践中通过思想积累的知识才能指导实践。

755. 方向要正确,方法要有效。

756. 准备打才可能不必打,越不能打越可能挨打。

757. 严不严,广大群众说了算;实不实,解决实际困难是关键。

758. 面对难啃的"硬骨头",如果不能迎难而上,就会一退千里。

759. 永远不把练习当练习,要把练习当实战。

760. 不出成效不撒手,不达目标不罢休。

761. 开始并完成一件事,比做好它更重要。

762. 当一件事,自己不知道怎么做的时候,就直接开始做吧;只有开始了第一步,才会有第二步、第三步。

763. 完成比完善更靠谱，更重要。

764. 善治病者，必医其受病之处；善救弊者，必塞其起弊之源。

765. 凡事有交代，件件有着落，事事有回音。

766. 眼观不能完全代替实践。

767. 要想干成事，不能怕犯错；要想不犯错，除非不干事。

768. 一定要习惯"行动"，万万不能耽于"空想"。

769. 少来一点套路，多带一些真诚；少讲几句空话，多办几件实事。

770. 求其上，得其中；求其中，得其下；求其下，必败。

771. 最有效的，是即刻行动。

772. 结果从来都是多方多次较量的结果。

773. 增强洞察力，善于在纷繁复杂的局势中抓住主要矛盾；增强预见力，善于从变化中把握发展趋势；增强决断力，善于在目标任务和利益关切上合理统筹；增强执行力，善于把战略决策和预期目标变为现实结果。

774. 想得要深要远，干得要实要细，积小成为大成，积跬步至千里。

775. 以担当诠释忠诚，以作为彰显价值。

776. 抓工作的过程，就是一个解决问题、化解矛盾的过程。

777. 越是艰巨的任务，越要保持耐心和韧劲；越是强基固本的工作，越要驰而不息地抓下去。

778. 想法本身不能带来成功。

779. 用行动来克服恐惧、担心。

780. 保持清醒是一切实践的前提。

781. 有时需要站住，找到信心再往前走。

782. 话语说得动听，不如行动赢得人心。

783. 空谈就会谈空，空想就会落空。

784. 仰望星空，同时脚踏实地。

785. 干事创业很难一蹴而就，必须脚踏实地、持之以恒。

786. "好干"的事干好了,就那么一回事;"不好干"的事不干好,就会误大事;"不好干"的事干好了,才是真本事。

787. 制度再健全,不执行或执行不好,就会成为"稻草人"。

788. 论事易,做事难;做事易,成事难。

789. 伟大是事后的追溯,不是事先的设计。

790. 方向比方法重要,选择比努力重要,目的比目标重要,定位比宣传重要,趋势比现在重要。

791. 虽有智慧,不如乘势;虽有镃基,不如待时。

792. 不带评论的观察是人类智力的高级形式。

793. 事实是真理的依据,实干是成就事业的必由之路。

794. 战术是执行的核心,但执行不等于战术;执行是战略的基础,所以它必须成为战略的决定因素。

795. 制度的生命在于执行,执行制度关键在人。

796. 逆水行舟用力撑,一篙松劲退千寻。

797. 理论的威力,只有付诸实践才能发挥出来;学习的效果,也要靠新担当、新作为来检验。

798. 真抓才能攻坚克难,实干才能梦想成真。

799. 创业要魄力,实干出业绩。

800. 战略上要力求保持主动,战术上要努力做到精准。

801. 脱贫攻坚,一定要聚焦、聚焦、再聚焦,精准、精准、再精准。

802. 一项工作,做了,是事实判断、过程评价;做好了,是价值判断、效果评价。

803. 抓落实的本质就是解决问题,不解决问题的落实都是花拳绣腿、无用功。

804. 有多大担当才能干多大事业,尽多大责任才会有多大成就。

805. 一分部署,九分落实。

806. 劳动创造财富,实干兴邦立业。

807. 没有一定量的实践积累,再好的蓝图也只能是一张白纸。

808. 要有真抓的实劲,敢抓的狠劲,善抓的巧劲,常抓的韧劲,踏石留印,抓铁有痕。

809. 宁可不办事,不可办傻事;不办事不是最好的状况,办傻事却是最坏的状况。

810. 做工作必须不驰于空想、不骛于虚声。

811. 不仅要有担当的宽肩膀,还得有成事的真本领。

812. 智慧强于力量,经验胜过理论。

813. "立足本职扎实干"是基本境界,"尽心尽职干成事"是第二境界,"创先争优出亮点"是最高境界。

814. 知之愈明,则行之愈笃;行之愈笃,则知之益明。

815. 开辟"最先一公里",更要打通"最后一公里"。

第四辑 执行方略

816. 行是知之始,知是行之成。

817. 在马背上画道道并不能把马变成斑马。

818. 真正的效率是"快"和"好"的统一,在"好"基础上的"快"才是真正的"快"。

819. 取巧也许能得一时之便,稳扎稳打才能获得最后的成功。

820. "顶天"是信仰和担当,"立地"是实干和责任。

821. 一等二靠三落空,一想二干三成功。

822. 事贵善始,尤当善终。

823. 伟大的工作,是用恒心而非蛮干来完成的。

824. 只有干在实处,才能走在前列。

825. 多积尺寸之功,方成合格之效。

826. 这能力那能力,不落实就等于没能力;千忙万忙,不抓落实就是瞎忙。

827. 一切美好的蓝图都是一招一式干出来的。

828. 撸起袖子加油干,扑下身子抓落实。

829. 热情必须在可控的范围内，太高会失控，太低会转变成不作为。

830. 只有艰苦奋斗的创业者，才能成为时代的胜利者。

831. 干部干部，干是当头的，既要想干愿干积极干，又要能干会干善于干。

832. 论先后，知为先；论轻重，行为重。

833. 一切难题，只有在实干中才能破解；一切机遇，只有在实干中才能把握；一切愿景，只有在实干中才能实现。

834. 知而不行，只是未知。

835. 只有行动才能开辟未来的路，只有实干担当才是立身之基，立功之道。

836. 事以做成，业靠人兴。

837. 一语不能践，万卷徒空虚。

838. 天下之事，因循则无一事可为；奋然为之，亦未必难。

839. 实践出真知，能力靠历练。

840. 制度不执行，比没制度危害更大。

841. 决定问题需要智慧，贯彻执行时则需要耐心。

842. 千道理万道理,落实才是硬道理。

843. 有需求就有服务,有服务就有收益。

844. 难走的路是上坡路,登顶前的冲刺最艰辛。

845. 坐而言,不如起而行。

846. 三分战略,七分执行。

847. 纸上得来终觉浅,绝知此事要躬行。

848. 志不求易者成,事不避难者进。

849. 梦想就在前方,需要我们双脚去追逐;使命无比光荣,需要我们用实干去托举。

850. 思考力决定竞争力,思考力决定执行力,善于思考是打开智慧的钥匙。

851. 道虽迩,不行不至;事虽小,不为不成。

852. 天下之至拙,能胜天下之至巧。

853. 播种认真,收获品格;播种品格,收获信念;播种信念,收获辉煌。

854. 态度决定高度,细节决定成败。

855. 没有扎实过硬的作风，再好的蓝图也会变成水中月、镜中花；没有干事创业的激情，再好的机遇也会失之交臂。

856. 知行合一，贵在行动。

857. 抓具体、具体抓，一具体就深入，要落实必具体。

858. 为政贵简，简在心纯、简在务本、简在尽心。

859. 梦想从学习开始，事业从实践起步。

860. 作风就是战斗力。

861. 责任要扛肩上，不可层层转包。

862. 要想知道梨子的滋味，就要亲口尝一尝。

863. 复杂的问题应该简单化，简单的问题更应该简单化。

864. 与其担心未来，不如现在努力。

865. 只讲理论而不联系实践或只讲实践而不联系理论，都是理论与实践相脱离的表现，都应防止和反对。

866. 找借口是一种无效的方法。

867. 勤则成，怠则废。

868. 只有干出来的精彩，没有等出来的辉煌。

869. 高悬理想易，实现目标难。

870. 任务明确，职责清楚，上下沟通，效率自然高。

871. 想，都是问题；做，才是答案。

872. 成功缘于实干，祸患始于空谈。

873. 最好的落实是一抓到底，最好的肯定是群众认可。

874. 理想的实现靠的是实践，而不是不断重复地讲理想。

875. 没有执行力，一切都等于零。

876. 做了后悔，永远比不做后悔强。

877. 始终坚持以问题为导向，重点解决突出矛盾和问题。

878. 导向确定之后，落实就是决定因素。

879. 导向的力量在于实践。

880. 梦在前面，路在脚下。

881. 行动不一定带来快乐，而无行动则绝

不快乐。

882. 世界上不可能的事情,是想出来的;世界上可能的事情,是做出来的。

883. 软环境要以硬行动为基础。

884. 行动是成功的阶梯,行动越多,登得越高。

885. 不干,再好的规划也是空中楼阁;不干,再美的蓝图也是废纸一张。

886. 政绩是奋斗出来的,等不是办法,干才有希望。

887. 执行是基础,细节是关键。

888. 快于意者亏于行,甘于心者伤于性。

889. 实践是检验真理的唯一标准,也是衡量思想解放的最终标尺。

890. 不虑于微,始成大患;不防于小,终累大德。

891. 真正坚持到最后的人靠的不是激情,而是恰到好处的喜欢和投入。

892. 伟大的目的,产生伟大的毅力。

893. 天下事以难而废者十之一,以惰而废者十之九。

894. 路不铲不平，事不为不成；人不劝不善，钟不敲不鸣。

895. 文人读武事，大都纸上谈兵；武将论文章，半属道听途说。

896. 不能改变环境就适应环境，不能改变别人就改变自己，不能改变事情就改变对事情的态度。

897. 一忍可以支百勇，一静可以制百动。

898. 在战略上注重抓住机遇，在战术上注重化解挑战。

899. 能干什么就干什么，让干什么就干什么，干什么就尽量干好。

900. 不要花太多时间去设想最坏的结果，这等于预演失败。

901. 过程没有结果重要，成本没有价值重要，目标没有目的重要，管理没有领导重要。

902. 负责不够，尽责才行。

903. 只要心中有责任，胸中自会有办法。

904. 气壮则身存事成,气馁则人亡事败。

905. 抓能力必须抓方法,抓方法必须抓方法论。

906. 历尽天华成此景,人间万事出艰辛。

907. 雄鹰不容高峰阻,骏马岂怕路途遥。

908. 不可计划多多,行动寥寥。

909. 法令既行,纪律自正。

910. 勇于开始,才能找到成功的路。

911. 即使是不成熟的尝试,也胜于胎死腹中的策略。

912. 成功的道理有千万条,但如果意志薄弱,一切的道理都没有用。

913. 人最大的对手,往往不是别人,而是自己的懒惰。

914. 聚焦坚持,才能到达终点。

915. 成功的反义词不是失败,而是从未行动。

916. 耳闻之不如目见之,目见之不如足践之。

917. 为山九仞,功亏一篑。

918. 凡事往简单处想，往认真处行。

919. 境由心造，事在人为。

920. 脚踏实地才能仰望星空。

921. 天道酬勤，春华秋实。

922. 平凡孕育伟大，奉献谱写人生，汗水铸就辉煌。

923. 再长的路，一步步也能走完；再短的路，不迈开双脚也无法到达。

924. 岂能尽如人意，但求无愧我心。

925. 昼无为，夜难寐。

926. 不为失败找理由，只为成功找方法。

927. 首先是立坚韧不拔之志；有了志向，接下来需要的就是执行力。

928. 心力与体力合行，无事不成。

929. 计划只有在执行中才能创造价值，没有执行力，一切皆等于零。

930. 只有蓝图，没有执行，终究是一纸空文。

第五辑　发展方略

931. 最大的风险是不改革。

932. 学贵日新,政贵日进。

933. 勿忘昨天的苦难与辉煌,无愧今天的责任和使命。

934. 旧事物衰败的时候,正是新事物崛起的契机。

935. 如果希望现在与过去不同,请研究过去。

936. 稳中求进,稳是进的基础、进是稳的动力,不稳难进,有进才更稳。

937. 落地才能生根,根深才能叶茂。

938. 连接一切才能决胜未来。

939. 铭记历史,立足当下,开辟未来。

940. 以法治凝聚改革共识,以法治引领改革方向,以法治规范改革程序,以法治确保和巩固改革成果。

941. 时间是公正的法官,只有时间可以给出公正的评判。

942. 落后就要挨打,贫穷就要挨饿,失语就要挨骂。

943. 文化既是凝聚人心的精神纽带，又是增进民生福祉的关键因素。

944. 文运同国运相牵，文脉同国脉相连。

945. 家庭和睦则社会安定，家庭幸福则社会祥和，家庭文明则社会文明。

946. 千家万户都好，国家才能好，民族才能好；国家好，民族好，家庭才能好。

947. 没有全民健康，就没有全面小康。

948. 战略一小步，复兴一大步；齐心为国家，聚力现代化。

949. 法治只有融入社会生活，化为群众需求，才能真正有生命力。

950. 新兴科技重塑商业未来。

951. 重农固本仍然是安民之基、治国之要。

952. 如果地球病了，没有人会健康。

953. 牢记历史，才能看清未来。

954. 未来是在现有的惯性背景下形成的。

955. 未来建立在过去的基础之上。

956. 向过去探索得愈深，向未来也就可以看得愈远。

957. 历史可能不会完全重演,但有本质可循。

958. 群众富不富,关键看支部;支部强不强,关键在"头羊"。

959. 没有发展就没有利润,没有利润也没有发展。

960. 人类的文明是手脑并用的结果。

961. 自然的强大超出了任何原理。

962. 自然不只需要热爱,还需要敬畏。

963. 平衡才能和谐。

964. 社会的文明程度越高,妇女选择的自由度就越高。

965. 有矛盾才会产生变化,有变化才可能进步。

966. 一切伟大成就都是接续奋斗的结果,一切伟大事业都是在继往开来中奋力推进的。

967. 只有树立可"穷千里"的参照物,才能有"更上一层楼"的精气神。

968. 最好是一种状态,更好是一种追求。

969. 政治生态建设非一朝一夕之功,需要浚其源、涵其林,养正气、固根本,锲而不舍地抓下去。

970. 任何生命都不是永恒的,只有新陈代谢才是永恒的。

971. 高质量的发展阶段,需要更高水平的过硬本领。

972. 谋发展当有大智慧,创未来必有大担当。

973. 路是人走出来的,走的人多了也就有了路,但其艰难曲折只有行路的人才知道;道是人造出来的,选择正确了才能走上康庄大道,但只有经过前仆后继才有可能发现正确的道路。

974. 道路决定结果。

975. 兵不强则不可以摧敌,国不富则不可以养兵。

976. 大道至简,实干为要。

977. 政治生态好,人心就顺、正气就足,政治建设就有和谐的环境;政治生态不好，就会人心涣散、弊端丛生，政治建设也会陷入不好的境遇。

978. 欲筑室者，先治其基。

979. 思想理论是灵魂，制度建设是保障。

980. 一花独放不是春，百花齐放春满园。

981. 发展是硬道理，抓发展必须要有硬作风。

982. 成功靠的不只是解决问题，还在于充分利用机会。

983. 明智的人适应环境，不明智的人让环境适应自己。

984. 产生于过去的现在，孕育着伟大的未来。

985. 虚实相生相长，不可脱节；就实论虚，以虚率实。

986. 道私者乱，道法者治。

987. 伟大的思想来自伟大的实践，而伟大的实践又在伟大的思想引领下向纵深发展。

988. 跳出中国看中国，立足世界看中国。

989. 没有项目,就没有后劲,项目是发展之基、增长之源;抓项目,其实就是抓发展。

990. 立善为师,故无常师。

991. 开放是生命力和信心的表现。

992. 没有积累就没有传统,没有传统就没有文化。

993. 道是自然界的根本规律,理是万物借以互相区别的特殊规律;特殊规律离开不了总规律,总的规律寓于特殊规律之中。

994. 实质重于形式。

995. 人才所向,就是兴亡所向。

996. 人才兴则天下昌,人才衰则天下亡。

997. 使命呼唤担当,使命引领未来。

998. 永远不要与趋势为敌。

999. 历史是现实的基础和源泉,现实是历史的延续和发展。

1000. 没有变革,就没有社会的发展;没有变革,就没有文明的进步。

1001. 任何时代的理论和思想的背后都隐藏着那个时代特有的时空体验。

1002. 未来视角使行动更加有序。

1003. 从当下出发，联结过去和未来。

1004. 法与时转则治，治与世宜则有功。

1005. 竞争越激烈，进步越显著。

1006. 不忘本来，吸收外来，面向未来。

1007. 形势决定发展任务，问题代表时代声音。

1008. 发展是安全的基础，安全是发展的条件。

1009. 一己是人，众人是天；谋事在人，成事在天。

1010. 总结过去，规范当下，昭示未来。

1011. 勤为政者，贵在养民；善治国者，必先富民。

1012. 尊重规律、遵循规律、顺势而为，按照规律办事，经济社会就能持续健康发展；藐视规律、违背规律、逆势而动，逆规律而上，不仅不会发展，还将受到规律的惩罚，付出沉重的代价。

1013. 规律就是一切从实际出发。

1014. 没有什么比规律更强大。

1015. 事之难易，不在大小，务在知时。

1016. 顺应天地自然规律，无违天时，无背地利。

1017. 社会是在矛盾运动中前进的，有矛盾就会有斗争。

1018. 问题是时代的声音，人心是最大的政治。

1019. 没有小安全，就没有大安全；没有局部安全，就没有国家安全。

1020. 没有小稳定，就没有大稳定；没有局部稳定，就没有全局稳定。

1021. 无法改变风向，可以调整风帆；难以改变事物，可以重塑观念。

1022. 时止则止，时行则行，动静不失其时，其道光明。

1023. 格局定荣枯。

1024. 既要敢于斗争，又要善于斗争；以斗争促和谐，以斗争求稳定。

1025. 文艺必须因时而兴，乘势而变，随时代而行，与时代同频共振。

1026. 美好的未来激励前行，奋进的脚步不容松懈。

1027. 历史是一面镜子，从历史中，我们能够更好看清世界，参透生活，认识自己；历史也是一位智者，同历史对话，我们能够更好认识过去，把握当下，面向未来。

1028. 知者善谋，不如当时。

1029. 好奇心是人类进步的源泉。

1030. 历史大潮，稍纵即逝，奔流不回。

1031. 历史的经验值得注意，历史的教训更应引以为戒。

1032. 没有和平，发展就无从谈起。

1033. 大是小的累积，只有先把小事做好了，才有可能做成大事。

1034. 开放带来进步，封闭必然落后。

1035. 制度根植于社会，有什么样的社会就

第五辑　发展方略

有什么样的制度。

1036. 知其事而不度其时则败。

1037. 新时代意味着新起点新要求，新时代呼唤着新气象新作为。

1038. 世异事变，治国不同，不可不察。

1039. 时间是人类发展的空间。

1040. 当知器满则倾，须知物极必反。

1041. 荣誉记录过去，奋进创造未来。

1042. 只有恢复绿水青山，才能使绿水青山变成金山银山。

1043. 衡量发展质量和效益，就是要做到投资有回报，产品有市场，企业有利润，员工有收入，政府有税收，环境有改善。

1044. 标准决定质量，有什么样的标准就有什么样的质量，只有高标准才有高质量。

1045. 就业是民生之本，发展之基，也是施政之要。

1046. 学会"弹钢琴"，把握好平衡点，统筹稳增长，促改革，调结构，惠民生，防风险。

1047. 没有农业农村的现代化，就没有国家的现代化。

1048. 最繁重的任务在农村，最广泛、最深厚的基础在农村，最大的潜力和后劲也在农村。

1049. 小合作需要放下态度，彼此尊重；大合作需要放下利益，彼此平衡。

1050. 金融和实体经济是共生共荣的；金融活、经济活，金融稳、经济稳。

1051. 昨天的成功并不代表着今后能够永远成功，过去的辉煌并不意味着未来可以永远辉煌。

1052. 以史为鉴，可以知兴替。

1053. 既要有防范风险的先手，也要有对付和化解风险挑战的高招；既要打好防范和抵御风险的有准备之战，也要打好化险为夷、转危为机的战略主动战。

1054. 文明建设要着眼成风化俗，不断提高人民文明素养和全社会文明程度。

1055. 使命是方向，问题是导向。

1056. 使命是奋斗的方向，问题是时代的声音。

1057. 抢抓时间等于抢抓机遇，放弃时间就等于放弃机会。

1058. 时间能创造一切，也能毁掉一切。

1059. 丢弃时间，就等于丢弃一切。

1060. "孤阴不长，独阳不生"，世间万事万物总是在对立中相互依存的。

1061. 最大的红利是社会和谐红利。

1062. 没有工业化就没有城镇化，城镇化是工业化的结果；没有工业化就没有信息化，工业化是信息化的前提。

1063. 凡是越有价值的东西，获取通常也费周折；能轻易得到的，往往也不会有多大价值。

1064. 危机也是一次不可浪费的机遇。

1065. 一分预防等于十分治疗。

1066. 按照趋势行事，趋势才有价值。

1067. 真有价值的东西,绝不会被怀疑所毁;而被怀疑所毁的东西,绝不会真有价值。

1068. 金融的核心是风险,监管的核心是控制风险。

1069. 标准决定质量。

1070. 万物得其本者生,百事得其道者成。

1071. 制度的价值在于务实管用,制度的作用在于推动发展。

1072. 防控风险,绝不是不要发展;居安思危,更不是不要作为。

1073. 不能只热衷于做"质变"的突破工作,而要注重做"量变"的积累工作。

1074. 统筹总是跟全局观紧密相关,没有全局观就不可能有统筹。

1075. 莫为浮云遮望眼,风物长宜放眼量。

1076. 根深才能叶茂,本固方可长远。

1077. 得其法者事半功倍,不得其法者事倍功半。

1078. 良弓在手,贵在速发。

1079. 信息可以产生强大的变革动力。

1080. 从出发点到既定目标，两点之间最便捷的路往往不是一条直线。

1081. 获得成功通常并不是因为先人一步，而是因为能够耐心地等待合适的时机行动。

1082. 新时代继往开来、守正出新，变的是方位，不变的是使命；变的是矛盾，不变的是发展。

1083. 因时制宜，顺势而为。

1084. 万物皆变，变化之中蕴含着不变。

1085. 新实践孕育新理论，新理论指导新发展。

1086. 发展战略阶阶进，芝麻开花节节高。

1087. 稳中求进不是一味求稳、不敢作为，而是把握好度、顺势而为。

1088. 不仅要做大"蛋糕"，还要分好"蛋糕"。

1089. 没有人民看得见摸得着的获得感，改革发展就没有意义。

10.90. 实现全面小康"不让一个掉队",共享发展成果"一个不能少"。

10.91. 改善民生只有进行时,没有完成时。

10.92. 只有守住绿水青山,才能得到金山银山。

10.93. 打赢蓝天保卫战,才能消除"心肺之患"。

10.94. 生态兴则文明兴,生态衰则文明衰。

10.95. 既要"求温饱",又要"盼环保",不能为了"温饱"忽略了"环保",也不能只顾"环保"不顾"温饱"。

10.96. 肯取势者可为人先,能谋势者必有所成。

10.97. 九层之台,起于累土。

10.98. 睹微知著,防微成著,是正风反腐之通则。

10.99. 循道而行,功成事遂。

1100. 伟大的毅力只为伟大的目标而产生。

1101. 清淤只能治标,防污才能治本。

1102. 能看到多远的过去,就能看到多远的

未来。

1103. 欲知大道，必先为史。

1104. 历史是一面镜子，警醒我们要有忧患意识；现实是一种挑战，呼唤我们增强忧患意识。

1105. 解决问题才能不出问题。

1106. 问题是工作的着力点，差距是发展的空间和潜力。

1107. 没有信息化就没有现代化。

1108. 没有压力，就没有动力；没有危机，也就丧失了契机。

1109. 理想的国家治理需要满足"动力系统"和"制动系统"的适度平衡：既要保证国家的发展和进步具有持续的动力，又要保持路基路况良好，不至于"出轨"翻车。

1110. 国家治理的高目标或高标准，就是保持国家的持久繁荣；低目标或低标准，是规避经济、政治、社会风险，避免国家陷入各种危机当中。

1111. 发展是解决所有问题的总钥匙、总开关。

1112. 一个国家经济要发展,必要的条件是让本国的劳动力和自然资源得到合理的利用。

1113. 当今世界,一流企业做标准,二流企业做品牌,三流企业做产品。

1114. 大风险就是大倒退。

1115. 得人则地方蒙其福,失人则地方受其累。

1116. 穷不读书,穷根难除;富不兴教,富不长久。

1117. 生态环境没有替代品,用之不觉,失之难存。

1118. 人与物的关系,产生自然科学;人与人的关系,产生社会科学。

1119. 信息化必然助推组织扁平化。

1120. 安在得人,危在失士。

1121. 文化是产品的灵魂,有文化才有市场。

1122. 闭塞,则偏执;偏执,则抵制,而长期抵制的结果，便是拒绝文明。

1123. 教育兴则国家兴，教育强则国家强。

1124. 文化如水，润物无声。

1125. 世界无末日，大道无遮拦。

1126. 一个现代国家，首先是一个法治国家；国家要走向现代化，首先要走向法治化。

1127. 不忘本来才能开辟未来，善于继承才能更好创新。

1128. 谋科技就是谋发展，抓人才就是抓未来。

1129. 生态就是民生，环境就是福祉。

1130. 赢得青年才能赢得未来，塑造青年才能塑造未来。

1131. 向创新要动力，向改革要活力，向开放要出路。

1132. 稳中求进，"稳"是大局，"稳"是前提；"进"是目的，"进"是追求。

1133. 没有人民富强，发展就不算成功；没有人民幸福，复兴就不算完成。

1134. 稳定必须协调，协调才能稳定，稳定就是协调。

1135. 改革只有进行时，开放也没有完成时。

1136. 领导者的素质与信念，最终汇聚成历史的自觉。

1137. 物质文明是精神文明的基础，精神文明是物质文明的更高阶段。

1138. 不发展是倒退，发展慢了也是倒退。

1139. 进化是主流，退化是逆流，异化是一条藏有杀机的暗流。

1140. 公共服务谨防职能"缺位、越位、错位、不到位"。

1141. 开放性是中国经济的本质。

1142. 事业发展出题目，深化改革做文章。

1143. 事业发展无止境，深化改革无穷期。

1144. 完成非凡之事，要有非凡之精神和行动。

1145. 历史是现实的镜子，但还不是现实。

1146. 穷则变，变则通，通则久。

1147. 反腐败是关乎社稷稳固、国家昌盛、人民幸福的安邦工程。

1148. 教师是立教之本、兴教之源。

1149. 住宅是民生之要，是人的安身立命之所。

1150. 没有产业支撑的增长都是空谈。

1151. 未来竞争优势不一定来自制造，而是来自数据，来自搜集、分析和使用数据的能力。

1152. 政治先进则国家强大，政治落后则国家衰败。

1153. 人类历史中的一切终将成为过眼烟云，唯文化不朽。

1154. 经济社会要有新发展，政府管理必须跟上；政府的管理与服务是实实在在的竞争力。

1155. 凡政治清明、官员清正、政府清廉时就民风淳朴、民富国强、四海升平；凡政治昏庸、暴戾专横、官员贪腐时就民怨国衰。

1156. 时间为一切事业与生命之母。

1157. 学术研究是社会发展的动力，是社会智慧的结晶，是文化建设的重要构成部分。

1158. 人才兴则乡村兴，人气旺则乡村旺。

1159. 历史前进的步伐是跳跃式的，有发展，有震荡，有后退，有大步前进。

1160. 国家强弱的背后是制度之争。

1161. 稳定是发展的基石，行稳是致远的前提。

1162. 未来淘汰的不是工作，而是技能。

1163. 忘记历史意味着轻薄，篡改历史意味着背叛。

1164. 承前是为了启后，继往才能开来。

1165. 任何财富都是时间和行动化合之后的产物。

1166. 离开了过程，就不会有结果。

1167. 以发展求和谐，以和谐促发展。

1168. 社会革命的目的是为了解放生产力。

1169. 不尊重历史的人，注定要重犯历史的错误。

1170. 没有绝对最好的东西，一切随条件而定。

1171. 量变堆积历史，质变分割历史。

1172. 天下之大务，莫大于恤民。

1173. 职务进步有尽头，干好工作无止境。

1174. 热情和良好愿望不能代替经济规律。

1175. 取之有度，用之有节，则常足；取之无度，用之无节，则常不足。

1176. 适用昔者未必适于今，适于今者未必适于后。

1177. 民心是最大的政治，增进民生福祉是发展的根本目的。

1178. 越是生活富足，越要有崇高的精神追求；越是胜利在望，越要不懈奋斗。

1179. 民族复兴任重而道远，士不可以不弘毅；崛起的道路难免险阻，忧患意识不可少。

1180. 实践必须贯穿理论，就像理论必须贯穿实践一样。

1181. 今天的奋斗，铸就通往明天的路基。

1182. 历史能看多深,未来就能走多远。

1183. 沧海横流显砥柱,万山磅礴看主峰。

1184. 自然界没有飞跃。

1185. 开放出盛世,封闭致衰落。

1186. 容易走的都是下坡路。

1187. 以往知来,以见知隐。

 第五辑 发展方略

第六辑　创新方略

1188. 创造有法，但无定法。

1189. 苟利于民，不必法古；苟周于事，不必循俗。

1190. 风物长宜放眼量，思路一变天地宽。

1191. 与时俱进才有持久生命力。

1192. 推进改革的担当精神，既源于对理想信念的坚定执着，也源于登高望远的政治站位，还源于对真理的追求和坚守。

1193. 创新决胜未来，改革关乎国运。

1194. 不忘历史才能开辟未来，善于继承才能善于创新。

1195. 创造了价值才叫奋斗，否则再辛苦也不叫奋斗。

1196. 发展靠创新，创新靠科技，科技靠人才。

1197. 反思是新旧生活递嬗的动力。

1198. 迫切需要乃发明之母。

1199. 治国无其法则乱，守法而不变则衰。

1200. 人的天职在于勇于探索真理。

第六辑　创新方略

1201. 没有创新就没有超越,没有超越就没有领跑。

1202. 保持对科技的敏感度,努力做到先知先觉;敢于尝试科技手段,努力做到为我所用。

1203. 创新是未来的核心。

1204. 无聊是创意的天敌,警惕是创意的朋友。

1205. 变则通,通则达。

1206. 创新是人生成功的灵魂。

1207. 物极必反,困则思变。

1208. 新旧相融,互为辉映,往往才能焕发出真正的美好。

1209. 不可不变,不可乱变。

1210. 探索的旅程不在于发现新大陆,而在于培养新视角。

1211. 成功有个副作用,就是以为过去的做法同样适用于将来。

1212. 不要抱着过去不放,拒绝新的观念和挑战。

1213. 尊新必威,守旧必亡。

1214. 科学的起点是好奇心和承认自己无知。

1215. 科技是巨大的推动力,但必须是在人们的需求和人性平衡的时候才是如此。

1216. 如果需要是发明之母,那变化就是创新之父。

1217. 人活着就是寻求新的东西,生命是新的增长,生活是新的发现。

1218. 创新,让一切不可能变为可能;创新,是一场没有终点的长跑。

第六辑 创新方略

1219. 形式愈完备、愈烦琐,生命就愈僵化、愈近停止。

1220. 文化的自信在于薪火相传,文化的生命在于推陈出新。

1221. 只有履职尽责,才能有所作为;只有敢于担当,才能创新有为。

1222. 大胆尝试胜过平庸保守。

1223. 有奋斗,就会有牺牲;有探索,就会有失误。

1224. 布新难,除旧更难。

1225. 一切新观念都是在一片反对声中取代旧观念的。

1226. 理论创新带来实践创新,实践创新落实理论创新。

1227. 变则可久,通则不乏。

1228. 理论创新每前进一步,理论武装就跟进一步。

1229. 没有幻想就没有科学。

1230. 创新力就是生命力。

1231. 创新社会治理,要以最广大人民根本利益为根本。

1232. 改革创新才能抓住机遇,抓住机遇才能顺势而为。

1233. 伟大不囿于一己之私利,不留恋于小我之满足,而是廓然大公,是民胞物与,情顺万物而没有自己的私情,心普万物而没有自己的私心,以其"无我"始能成就"大我";伟大不是因循守旧,不是做历史的尾巴,跟在历史后面跑,而是引领历史发展趋势与潮流，走别人没有走过的路，做前人没有去做的事。

1234. 人类没有忧虑，也便没有创造。

1235. 只有创新才能更好生存。

1236. 没有创意就没有创新。

1237. 只有与历史同步伐，与时代共命运的人，才能赢得光明的未来。

1238. 苟利于民不必法古，苟周于事不必循旧。

1239. 鼓励大胆探索者，宽容改革失误者，鞭策改革滞后者。

1240. 标准助推创新发展，标准引领时代进步。

1241. 创新是企业的动力之源，质量是企业的立身之本，管理是企业的生存之基。

1242. 观时而制法，因事而制礼。

1243. 守旧未必风平浪静，改革必然海阔天空。

1244. 面对新的发展实践，有些东西过去有效，现在未必有效；有些过去不合时宜，现在却势在必行；有些过去不可逾越，现在则需要突破。

1245. 思路决定出路，思维决定作为。

1246. 知进者常新，知止者常安。

1247. 创造所产生的快乐是世界上最大的快乐。

1248. 旧事物衰败的时候，正是新整改崛起的契机。

1249. 逆水行舟，不进则退，唯有在奋进中继承事业，在创新中光大事业。

1250. 以守维成则成难继，因创兴业则业自达。

1251. 唯改革者进，唯鼎新者强。

1252. 理论创新定航标，理论武装起新潮。

1253. 传播力决定影响力，创造力决定掌控力。

1254. 通其变，天下无弊法。

1255. 应时而动，赴机在速。

1256. 改革激发活力，创新引领发展。

1257. 创新最大的敌人，莫过于路径依赖；

焕发创新的精气神,最关键的是要有自我否定的勇气。

1258. 解决中国问题需要大智慧,探索中国道路需要新思维。

1259. 创新强则国运昌,创新弱则国运殆。

1260. 世界产业链不是一成不变的,任何一种创新都不可能永远延续。

1261. 该变革时,要及时变革;不该变革时,不能盲目进行变革。

1262. 事之当革,若畏惧而不为,则失时为害。

1263. 整合能力才是真正的创新能力。

1264. 伟大事业需要创新创造,伟大时代成就创新创业人才。

1265. 打破惯性思维,不做经验的奴隶。

1266. 自觉克服亦步亦趋的思维定式,及时转变不合时宜的思想观念,善于在复杂多变的时代大局中把握大势,学会在改革开放创新中增加动力。

1267. 创新无坦途,贵在攻坚中。

1268. 创造是生存之要。

1269. 新官理旧事,要传承,更要创新。

1270. 经验的一半是失误。

1271. 成功应对变革的最有效的办法,就是去创造变革。

1272. 不唯外,坚持"洋为中用";不唯"本本",坚持"古为今用"。

1273. 胆子要大,步子要稳。

1274. 创新是引领发展的第一动力;崇尚创新,国家才有光明前景,社会才会有蓬勃活力。

1275. 告别旧态势、进入新常态的"先手棋"就是创新驱动。

1276. 向深化改革要动力,向创新调控要助力,向改善民生要潜力。

1277. 问题是理论的起点,也是创新理论的动力源。

1278. 在变化的系统里,可持续的竞争优势并不存在;只有永无止境的比赛,看谁能创造出具有暂时优势的新资源。

1279. 越是民族的,就越是世界的。

1280. 独立地笑对天地生命,永不落伍;盲目地追随热闹潮流,很快凋谢。

1281. 实践发展永无止境,认识真理永无止境,理论创新永无止境。

1282. 破旧方可立新,祛邪始能扶正。

1283. 创新是引领发展的第一动力。

1284. 常有所疑,是创新的起点。

第六辑 创新方略

第七辑　取信方略

1285. 言多变则不信，令频改则难从。

1286. 为政清廉才能取信于民，秉公用权才能赢得人心。

1287. 见利不亏其义，见死不更其守。

1288. 轻则失根，躁则失君。

1289. 水能载舟，亦能覆舟。

1290. 民意合理则需顺应，民意不合理则不能顺应。

1291. 人同此心，心同此理。

1292. 在其位不谋其政，留下的是无人履责；不求有功但求无过，贻误的是发展良机；当作为而不作为，丧失的是群众信任；有令不行有禁不止，瓦解的是执政根基。

1293. 和群众心连心、手拉手、面对面、一块过、一块苦、一块干，有盐有咸，无盐同淡，方能赢得群众口碑、建起事业丰碑。

1294. 领导表达应言之有时、言之有序、言之有理、言之有情、言之有味、言之有度。

1295. 声称锦囊妙计安天下的人,远远没有脚踏实地、稳扎稳打、步步为营的实干家值得信任。

1296. 少动多静,以沉稳形象赢得信任;少说多做,以实干作风赢得认可;少聚多独,以独立能干赢得关注;少争多让,以平和心态赢得青睐。

1297. 事闲勿荒,事繁勿慌,有言必信,无欲则刚。

1298. 人前做得出的方可说,人前说得出的方可做。

1299. 无信则卑,无卑则信。

1300. 宽容是领导者的成功之道。

1301. 天下从事者,不可以无法仪;无法仪而其事能成者,无有也。

1302. 以公灭私,民其允怀。

1303. 是非有理,轻重有法,不可以己私而拂公理,亦不可徇公法以徇人情。

1304. 公道出于公心,正派源于正气。

1305. 人无自信难以自立，国无自信难以自强。

1306. 不要轻易许下承诺，许下做不到的承诺，比没有许下更可恶。

1307. 国家治理最重要的是取信于民。

1308. 风俗好，小人也勉慕仁义；风俗坏，君子都不易抵挡。

1309. 以解决问题开局起步，以解决问题注入动力，以解决问题赢得民心。

1310. 信任，产生力量。

1311. 惩罚贵在慎重，不能滥施；奖赏贵在公正，不能偏私。

1312. 守诚信是最大的财富，讲诚信是最大的聪明。

1313. 生长在山间的松树，千年长青；镌刻在鼎上的誓言，万年不改；铭记在心中的诚信，永不凋零。

1314. 经师易得，人师难求。

1315. 上无常操，下多疑心。

1316. 自疑不信人，自信不疑人。

第七辑　取信方略

1317. 真实性是新闻的生命，事实是新闻的本源，虚假是新闻的天敌。

1318. 诚信等于财富，创新等于财富。

1319. 事莫虚应，应则必办，不办便结怨；愿莫轻许，许愿必还，不还便成债。

1320. 先相信自己，然后别人才会相信。

1321. 小事可以建立信任，也可毁掉信任。

1322. 最简单的是讲真话，最难的也是。

1323. 合作以信任为基础。

1324. 人不自信，谁人信之？

1325. 责任是信念之基，担当是力量之源。

1326. 只有为用而讲，讲必有用，才能听之者众，闻之者然。

1327. 如果满意感是一杯水，那么承诺就是水杯。

1328. 百代兴盛依清正，千秋基业仗民心。

1329. 同舟共济才能创伟业，砥砺奋进才可向未来。

1330. 民心是最大的政治，人民是最大的靠山，脱离群众是最大的危险。

1331. 人民的心声、心愿、心念就是民心。

1332. 治理之道，莫要于安民；安民之道，在于察其疾苦。

1333. 治国有常，利民为本；从政有经，令行为上。

1334. 对群众的感情真一分，干部的作风就会好一尺，党的事业就会进一程。

1335. 一旦信任资本透支，危急中的"说服"策略便沦为徒劳的表演。

1336. 在人民群众面前，领导干部永远只是一个考生，随时要接受人民的考验。

第七辑　取信方略

1337. 用赏贵信，用刑贵正。

1338. 人无信不立，社会无信则无序。

1339. 一个有信仰的人是心有所依的，怀着一种美丽、高尚的信念而活着，是真正幸福的；而没有信仰的人，缺乏判断是非、善恶、美丑的标准和能力，内心是永远无法充盈和富足的。

1340. 信誉是一切领导活动的基础，是所有领导力的基石和支点。

1341. 一两重的真诚,等于一吨重的聪明。

1342. 小信诚则大信立。

1343. 志不强者智不达,志不信者行不果。

1344. 人无信不立,党无信更不立。

1345. 公道来自无私,无私才能正派。

1346. 一个人信誉不好,影响个人的发展;而社会普遍缺乏信用,将影响社会的发展与进步。

1347. 欲谋胜败,先谋人和。

1348. 法者,天下之程式也,万事之仪表也。

1349. 法律只有成为坚定的信念,才能内化为人们的行为准则。

1350. 民心惟本,厥作惟叶。

1351. 言忠信,行笃敬。

1352. 言必信,行必果。

1353. 政绩之本,在于为民。

1354. 只有心中有民,才会真正务实。

1355. 一公则万事通,一私则万事闲。

1356. 谋求特权是极大的耻辱。

1357. 政从正来:思想要纯正、内心要端正、处事要公正、操守要清正。

1358. 权力应该向善。

1359. 唯有始终以百姓福祉为念、为百姓谋福利者，才会真正得到百姓的祝福。

1360. 造福于民、福泽后世者，后人藏之于心。

1361. 政在去私，私不去则公道亡。

1362. 自谦则人愈服，自夸则人必疑。

1363. 一"诚"天下无难事。

1364. 水若过清则鱼不留，人若过严则人心背。

1365. 做人诚为本，政德廉为先。

1366. 表达当守正，修辞立其诚。

1367. 当信用消失的时候，灵魂也就堕入了地狱。

1368. 对不知道的事，直接说"不知道"才是最轻松的。

1369. 舆论引导需要"资本"，这个"资本"就是公信力。

1370. 信任是最好的良药。

第八辑　领导方略

1371. 信念过硬是根本，政治过硬是关键，责任过硬是重点，能力过硬是支撑，作风过硬是保证。

1372. 青石板上葱扎不下根，脚不沾土立不起身。

1373. 厚立从政之德，要多积尺寸之功。

1374. 立政德，就要明大德、守公德、严私德。

1375. 率军者披坚执锐，执戈者方能战不旋踵。

1376. 安得民情常达，唯恐己过不闻。

1377. 仁者之勇，雷霆不移。

1378. 在官惟明，莅事惟平，立身惟清。

1379. 生活清新，用权清正，为官清廉。

1380. 一个篱笆三个桩，一个好汉三个帮。

1381. 资历不等于能力，能力不等于威望。

1382. 激浊才能扬清，惩恶才能扬善。

1383. 大事见智慧，小事见美善。

1384. 立言靠天赋，立功靠时势，立德靠个人。

1385. 唯公心可以奉国，唯公心可以理家。

1386. 目不淫于炫耀之色，耳不乱于阿谀之辞。

1387. 不以一毫私意自蔽，不以一毫私欲自累。

1388. 公道则明，偏颇则暗。

1389. 提高站位，做忠诚于党的卫士；端正站姿，做行为规范的标杆；谋划战法，做勇于创新的闯将；持续战斗，做甘于奉献的楷模。

1390. 好学慎思，悟道笃行。

1391. 无声的典范说服力强，身边的榜样感染人心。

1392. 立德修身，既要立意高远，又要立足平实。

1393. 释己而教人者逆，正己而化人者顺。

1394. 一个人的影响力，关键在于是否具有正能量。

1395. 舆论给力，事半功倍，舆论不力，功业尽弃。

1396. 用智慧可以获取金钱,用金钱是无法获取智慧的。

1397. 德操而固则威立,教顺而必则令行。

1398. 道德不厚者,不可以使民。

1399. 敢担当,是应有的政治品格;能担当,是必备的履职能力;善担当,是过硬的工作作风。

1400. 过河要掌握水性,说话要抓住中心。

1401. 赏罚不明,百事不成;赏罚分明,四方可行。

1402. 严,才能立信立威;不严,则形象不在,党风不立。

 第八辑 领导方略

1403. 仁则荣,不仁则辱。

1404. 正己才可以化人。

1405. 为将帅者必有担当。

1406. 改变世界,须从自己开始。

1407. 无私则刚,奉公则勇。

1408. 严生威,令生信。

1409. 信仰决定境界,境界决定品位。

1410. 作风彰显形象,作风成就事业。

1411. 智慧是随机应变的能力。

1412. 不要做自己不懂的事情,不要说自己没有弄明白的话。

1413. 传播力决定影响力,话语权决定主动权。

1414. 既不能无功而赏,无罪而罚,也不能功大而小赏,罪大而小罚;既不能功小而大赏,罪小而大罚,更不能赏罪罚功,颠倒黑白。

1415. 人民权益要靠法律保障,法律权威要靠人民维护。

1416. 成由勤俭败由奢。

1417. 私情行而公法毁。

1418. 问责一个,警醒一片。

1419. 没有问责就难有担当。

1420. 法令既行,纪律自正,则无不治之国,无不化之民。

1421. 仁者不忧,智者不惑,勇者不惧。

1422. 德随量进,量由识长。

1423. 德者才之主,才者德之奴。

1424. 政德隆，民德昌；政德毁，民德降。

1425. 明制度于前，重威刑于后。

1426. 勇气有时候是一瞬间的闪念，有时候是一辈子的执念。

1427. 先义而后利者荣，先利而后义者辱。

1428. 能让大家一起分享美好是有能力的人，能把信心带给别人是智慧的人。

1429. 敬业是一种美德，乐业是一种境界。

1430. 领导最重要的东西有三样：远见，激励和信任。

1431. 厚德方能载物。

1432. 服人者，以德服为上，才服为中，力服为下。

1433. 人无德不立，官无德不威。

1434. 维护宪法权威，就是维护党和人民共同意志的权威；捍卫宪法尊严，就是捍卫党和人民共同意志的尊严；保证宪法实施，就是保证人民根本利益的实现。

1435. 法立于上，教弘于下。

1436. 和谐，不等于和事；欣赏，不等于占有。

1437. 官德正则民风清，官德损则民风浑。

1438. 榜样是旗帜，代表着方向；榜样是资源，凝聚着力量。

1439. 身不正，不足以服；言不诚，不足以动。

1440. 人人好公，则天下太平；人人营私，则天下大乱。

1441. 解决麻烦是领导者的职责。

1442. "老虎"露头就要打，"苍蝇"乱飞也要拍。

1443. 守规矩才有名节，有名节才有名望。

1444. 原则问题，必须讲原则；是非问题，必须分是非，是就是是，非就是非。

1445. 居上不骄，为下不倍。

1446. 决策一经做出，纪律就当随行。

1447. 自正方能服众，上行下效，吏治顿清。

1448. 法者，国之权衡也，时之准绳也。

1449. 搞一次特殊，失去一分威信；破一次规矩，就留下一个污点；谋一次私利，就失去一片民心。

1450. 把工作当事业，把事业当追求。

1451. 担当源自公心，无畏出自公心；无私才能无畏，无私才敢担当。

1452. 以廉为本，有本才能生源，有本才能立表，有本才可率末。

1453. 群众看干部，全党看中央。

1454. 做人要真诚，做事要实在，做学问要严谨。

1455. 尽心则无愧，公正则不会有偏颇。

1456. 有责不考，责必虚置；有责不问，责必落空。

1457. 动员千遍，不如问责一次。

1458. 表率是无声的动员令。

1459. 只有该宽时宽，才能凝聚人心；该严时严，下属才不敢掉以轻心。

1460. 从细节入手，温暖下属的心。

1461. 没有容人的度量就会失去威信，不能忍受屈辱就不会成就事业。

1462. 干部心系群众、埋头苦干,群众就会赞许你、拥护你、追随你;干部不务实事、骄奢淫逸,群众就会痛恨你、反对你、疏远你。

1463. 万山磅礴必有主峰。

1464. 领导艺术需要科学做基础,领导科学应该插上艺术的翅膀。

1465. 作为科学,领导工作需要民主决策和规范管理;作为艺术,领导工作则需要妥善协调和处理各种关系,具有创造力、想象力。

1466. 把舵的不慌,乘船的稳当。

1467. 海到无边天作岸,山登绝顶人为峰。

1468. 信念坚定是"灵魂",体现政治品格;为民服务是"根本",体现价值追求;勤政务实是"精髓",体现作风素养;敢于担当是"特质",体现精神境界;清正廉洁是"风骨",体现道德操守。

1469. 没有预见就没有领导,没有领导就没有胜利。

1470. 权力本身是一种客观存在的能量，如果用来为公众办事，就会向着好的方面转化；一旦用来为个人谋取私利，就会向着有害的方向蔓延。

1471. 权力是人民赋予的，只能围着党和人民"公转"，不能围着个人利益"自转"。

1472. 管理就是对时间的合理利用。

1473. 困难像弹簧，你越是懦弱，它就越得寸进尺。

1474. 兵来将挡，水来土掩。

1475. 领导者应有积极热情、为民造福的恒心，应有洞察未来的眼睛，应有倾听不同声音的耳朵，应有表达组织意愿与价值追求的嘴巴，应有触发并掌控变化的双手；还应有充满全身的人格力量。

1476. 没有科学方法的指导，领导活动就会变得混乱无序；没有领导艺术的陶冶，领导活动就会显得单调呆板，进而出现低效或无效的现象。

1477. 做人要果断,做事要迅速。

1478. 能屈能伸,能刚能柔。

1479. 领导能力就是将理想转化为现实的能力。

1480. 先有领导力,后有竞争力。

1481. 政治就是解决矛盾,政治才能就是利用矛盾以解决矛盾的才能。

1482. 在一个岗位,就要建成放心岗位;管一个部门,就要建成放心部门。

1483. 有多大的脚,穿多大的鞋。

1484. 事前控制比事中控制好,事中控制比事后控制好,事后控制成本最高、危险最大。

1485. 要少领多导,先领后导;要少决多策,先策后决;要少激多励,先激后励;要少管多理,先理后管。

1486. 言语亲和,是质朴作风的外露;气度不凡,是修养深厚的折射;运筹帷幄,是勤奋学习的必然。

1487. 善弈者谋势，不善弈者谋子。

1488. 见识越多的人越能临危不惧。

1489. 法治安天下，德治润人心。

1490. 慈不掌兵，情不立事，义不理财，善不掌印。

1491. 书不记，熟读可记；义不精，细思可精；唯有志不立，直是无着力处。

1492. 聪明出众谓之英，胆识过人称为雄。

1493. 动中求静，去除烦恼；动中有静，工作有序；静中求动，养怡健康；静中有动，脑动不止，体脑结合。

1494. 为政清廉，不当贪官；勤奋敬业，不当懒官；勇于创新，不当庸官。

1495. 善于反思的民族，才是成熟的民族；善于总结历史经验的政党，才是成熟的政党；善于从历史汲取智慧的领袖，才是一个成熟的政治家。

1496. 社会是个大舞台，人生犹如大棋局。

1497. 非常之功，必待非常之人；非常之人，必建非常之功。

1498. 只有"出众",才能"服众"。

1499. 有备无患,备大患小,备小患大。

1500. 悟得道,觅得法,做事情就能应付自如。

1501. 风俗既正,中人以下,皆自勉以为善;风俗一败,中人以上,皆自弃而为恶。

1502. 审度时宜,虑定而动,天下无不可为之事。

1503. 合理安排时间,就等于节约时间。

1504. 信任是领导力的根基所在。

1505. 徒善不足以为政,徒法不足以自行。

1506. 高瞻远瞩才能游刃有余,融会贯通才能深入浅出,丝丝入扣才能引人入胜,烂熟于心才能行云流水。

1507. 宽严相济,恩威并用。

1508. 用兵之法,教戒为先。

1509. "求同"就是要凝聚共识,"存异"就是要尊重大家的利益差别、认识差别。

1510. 赶时间的人,永远没时间。

1511. 船行千里，掌舵一人。

1512. 人不激不活，鱼不激不跃。

1513. 人最可悲的是自己不能战胜自己。

1514. 欲揽瓷器活，须有金刚钻。

1515. 劝导不如引导，央求不如婉求。

1516. 没有魄力，就没有领导力。

1517. 找准方位才能把握航向，主动作为才能克难前行。

1518. 天下最宝贵的，莫如时日；天下最奢侈的，莫如浪费时日。

1519. 对于最有潜力的领航人风浪总是格外汹涌。

1520. 文武之道，一张一弛。

1521. 思为行之始，行为思之成。

1522. 先立乎其大者，则其小者不能夺也。

1523. 治于未病，方可经略将来。

1524. 锲而不舍，金石可镂。

1525. 一个既"知其然"又"知其所以然"的人，方可站得更高，看得更远和想得更深，会脱颖而出。

1526. 不专则不能。

1527. 不拒众流,方为江海。

1528. 人在事上练,刀在石上磨。

1529. 心收静里寻真乐,眼放长空得大观。

1530. 一切技术都始于简单技巧。

1531. 守少则固,力专则强。

1532. 德若水之源,才若水之波。

1533. 了解了人的个性,就能对其形成合理的预期。

1534. 良好的原则是应对现实的有效方法。

1535. 世界上最重要的事情是理解现实如何运行,以及如何应对现实。

1536. 善除害者察其本,善理疾者绝其源。

1537. 先谋于局,后谋于略,略从局出。

1538. 先谋后事者昌,先事后谋者亡。

1539. 能战方能言和,谈和更需备战。

1540. 有权术而不屑用,有才智而不自用。

1541. 世无常贵,事无常师。

1542. 人之心量开,心境自开;人之心境开,心术自正;人之心术正,心事自少；人之心事少，心情自乐。

1543. 世上的一切伟人，一切杰出政治家，天生就是社会心理学家、教育家。

1544. 做重要的事，而不是紧急的事。

1545. 忙不出错急出错。

1546. 困境里的乐观是积极，顺境里的冷静也是积极。

1547. 有自信才有底气，有底气才有力量。

1548. 一个没有危机感的领导者，卓越与他无缘。

第八辑　领导方略

1549. 常怀赶考之心，永葆赶考精神。

1550. 顺境易颓废，逆境见精神。

1551. 看清自我，才能战胜自我。

1552. 不能把大事干小了，不能把小事干大了，不能把急事干缓了，不能把缓事干急了。

1553. 安不忘危，稳不忘忧。

1554. 凡做事，将成功之时，其困难最甚。

1555. 静能制动，沉能制浮，宽能制偏，缓能制急。

1556. 缓事宜急干，敏则有功；急事宜缓办，忙则多错。

1557. 闻事不喜不惊者，可以当大事；听谤不怒不怨者，可以处烦嚣；遇难不避不畏者，可以担重任；用心不忮不求者，可以举大略；做人不浮不躁者，可以固根本。

1558. 心慌难择路，欲速则不达。

1559. 善战者，因其势而利导之。

1560. 只有把自身放到大局中，站位才会高，自身才会强。

1561. 法无巧拙，善用者益。

1562. 逆境更平和，一切都是好安排。

1563. 备豫不虞，为国常道。

1564. 天下之祸不生于逆，生于顺。

1565. 消祸于未萌，治乱于未乱，消未起之患。

1566. 良医者，常治无病之病，故无病；圣人者，常治无患之患，故无患也。

1567. 饥不择食易噎喉，做事慌张会出错。

1568. 遇事不要太急躁，五内如焚最伤身。

1569. 天下以躁急自败。

1570. 丰富的信息可能导致注意力的缺乏。

1571. 急事缓办，缓事急办。

1572. 安而不忘危，存而不忘亡，治而不忘乱。

1573. 为之于未有，治之于未乱。

1574. 时常将下一个计划放入口袋。

1575. 美好的心灵是修养出来的，成功的人生是拼搏出来的，伟大的理想是在共同奋斗中实现出来的。

1576. 束手无策时不如先放松。

1577. 担心可以，但绝对不能怯懦。

1578. 做官有止境，干事无止境。

1579. 主旋律如果唱不响，杂音就会有市场。

1580. 官越大责任越大，来不得丝毫疏忽大意。

1581. 临大事而不乱，临利害之际不失故常。

1582. 善养身者，使之能逸而能劳。

1583. 内心的宁静，是最为深厚的修行。

第八辑　领导方略

1584. 宠辱不惊，看庭前花开花落；去留无意，望天上云卷云舒。

1585. 食不求饱，居无求安。

1586. 天下之事，成于惧而败于忽。

1587. 困难像弹簧，你弱它就强。

1588. 进有度，退有则。

1589. 既量力而行，又尽力而为。

1590. 越是在形势好、工作顺的时候，越要以清醒的头脑，经受各种风浪考验；以开阔的眼界，不断开拓创新；以宽阔的胸襟，审时度势，驾驭全局；以务实的精神，真心诚意为群众谋利益。

1591. 人生的高度，是自信撑起来的。

1592. 为成功想办法，不为失败找理由。

1593. 只有得其道，才能顺乎势。

1594. 世事无常，一切都在变化之中，该来的总要来，该走的总要走。

1595. 褚小者不可以怀大，绠短者不可以汲深。

1596. 功以才成，业由才广。

1597. 政从正出，智从知来，财从才来，位从为来。

1598. 既敢于出招又善于应招，做到"蹄疾而步稳"。

1599. 把复杂的事情做简单了，那是真本事；把简单的事情做复杂了，那就没本事。

1600. 以正治国，以奇用兵。

1601. 抓大放小，抓人放事，抓机放权。

1602. 要公道正派，不偏不倚；要刚柔相济，不急不躁；要恰如其分，不高不低；要按责履职，不缺不超。

1603. 当干部要注意干好三件事：抓要害、办实事、管住人。

1604. 能力、动力、定力是站稳走好的"支撑点"。

1605. 想法、说法、办法是能力高低的"三级跳"。

1606. 小智治事，中智治人，大智治制。

1607. 先处理心理,再处理事情。

1608. 战略根植于战术,战略家首先是战术家。

1609. 胆要大,心要热,头要冷。

1610. 信任是最大的关怀,但信任不能代替监督,关心不能忘了严管。

1611. 不能期望每一项工作只成功不失败,要给干事者以总结经验、重整旗鼓的机会,去其忧、励其志。

1612. 穷理至简,经世致用。

1613. 勇气,成就卓越领导。

1614. 德不优者不能怀远,才不大者不能博见。

1615. 一个人,信念变了,德行就变;德行变了,气场就变;气场变了,运气就变;运气变了,命运就变。

1616. 国家治理其实就是实现"动力系统"和"制动系统"的适度平衡。

1617. 治国理政既要遵循行政活动的规律,又要遵循政治活动的规律。

1618. 先有"形而上"的领导观,后有"形而下"的领导力。

1619. 领导知识＝常识＋通识＋胆识＋器识。

1620. 信任不能代替监督,觉悟不能代替制度。

1621. 有实力,说话才有分量。

1622. 欲流之远者,必浚其源。

1623. 一个人养就了一身正气,便具备了从政、参政、议政的起码资本和坚实基础。

1624. 事前不讲责任,事后推卸责任,原本就是不负责任。

1625. 身在兵位,胸为帅谋。

1626. 战略寓于战术之中,战术必有战略导向。

1627. 工作找规律,办事讲规范,做人守规矩。

1628. 在思考决策上,顺势而为;在谋篇布局上,找准定位;在破解难题上,抓住主要矛盾;在履职尽责上,把握角

第八辑　领导方略

色；在从政修养上，行大道、走正道。

1629. 积极的心态是成功的心理基础，是一切成功人士走向成功的黄金原则。

1630. 激浊而扬清，废贪而立廉。

1631. 授权如同放风筝，光牵不放，飞不起来；光放不牵，风筝不是飞不起来，就是飞上天后失控。

1632. 盛时当为衰时计。

1633. 急则有失，怒则无智。

1634. 唯德唯廉唯实，尽心尽职尽力。

1635. 小胜靠力，中胜靠智，大胜靠德，全胜靠道，道乃德、智、力之和。

1636. 让部属安安静静地做事，唠叨除了让人讨厌之外，简直一无是处。

1637. 充分利用时间，合理使用空间；时间上要有个排列，空间上要有个分配。

1638. 敢战，才能言和；要和，更需要备战。

1639. 引而不发最有威力。

1640. 末大必折，尾大不掉。

1641. 人正千夫敬，官清万人服。

1642. 有定力，才能咬定目标、专心致志；
有耐力，才能善始善终、善作善成；
有活力，才能斗志昂扬、开拓创新。

1643. 善用思想"共识"，变成行动"共为"；
用行动"共为"，促思想"共识"。

1644. 廉洁能聚人，律己能服人，身正能带人，无私能感人。

1645. 主大计者，必执简以御繁。

1646. 揭露并铲除一个谬误，胜于复述一百个真理。

1647. 做人要正，做事要奇。

1648. 不可以借口年轻而放弃责任，也不可以借口年老而蔑视责任。

1649. 一个民族不能立言，就很难有效立业；一个国家不能立言，就很难切实立国；一个政党不能立言，就很难长久立足；一个人不能立言，就很难真正立身。

1650. 既要有松柏的原则性，又要有柳树的灵活性。

1651. 提供条件，营造氛围，加强指导，注重激励，指出不足，放手任用。

1652. 凡办大事以识为主、以才为辅。

1653. 教人向上、向前、向善永远不会错。

1654. 拓展视觉的开放度，拆除听觉的隔音墙，净化感觉的兴奋区。

1655. 每个人的内心都卧虎藏龙，那是我们的欲望，也是我们的恐惧。

1656. 每个人都在解决困惑的过程中不断失衡再平衡。

1657. 非猛药不能去痼疾，非重典不能除时弊。

1658. 现代稳定是动态稳定，以疏为主。

1659. 优秀是教出来的，管理的本质是教育。

1660. 一切事物，如果不能量化它，就不能真正理解它；不能真正理解它，就不能直接控制它；不能直接控制它，就不能真正改变它。

1661. 不会量化就无法管理。

1662. 管理就是计划、组织、指挥、协调和控制。

1663. 事实胜于雄辩,百闻不如一见。

1664. 当时间的主人、命运的主宰、灵魂的舵手。

1665. 机遇总喜欢光顾有准备的头脑。

1666. 成事必有其道,干事须得法。

1667. 千钧将一羽,轻重在平衡。

1668. 以天下之目视,则无不见也;以天下之耳听,则无不闻也;以天下之心虑,则无不知也。

1669. 用太阳的温暖去移风易俗比用暴风骤雨好。

1670. 用信仰目标实现"领",用科学理念实现"导",用"心"与"力"的融合提升领导力。

1671. "蹄疾"而"步不稳"就会人仰马翻,"步稳"而"蹄不疾"则会丧失机遇或半途而废。

1672. 对己清正,对人公正,对内严格,对外平等。

1673. 政治坚定是立命之根，业务精湛是立身之本，作风优良是成事之基。

1674. 只有高瞻远瞩、提纲挈领，全面把握大局，对大局了然于胸，才能把各方面的工作做得更好、更顺、更到位。

1675. 为政天下者，在乎富之、善之。

1676. 确保权力正确行使，必须让权力在阳光下运行。

1677. 创造力就是对自身能力的驾驭和拓展。

1678. 顺天应人，守正出奇。

1679. 不挑事，不怕事，事来了，敢平事。

1680. 真正的从容，不是躲避纷争与喧嚣，而是平静地面对困惑与烦恼。

1681. 水之积也不厚，则其负大舟也无力。

1682. 无事常如有事时，提防才可弥意外之变；有事常如无事时，镇定方可以消局中之危。

1683. 防微杜渐一定胜过亡羊补牢。

1684. 用心一者技必良。

1685. 能够发现自己的错误，是一种清醒；

能够改正自己的错误,是一种能力。

1686. 健康需要锻炼,心态需要修炼,命运只在自己。

1687. 成功在于优点的发挥,失败在于缺点的累积。

1688. 要让事情改变,先改变自己;要让事情变得更好,先让自己变得更强。

1689. 如果没有健康,智慧就无法表露,力量就无法使用,价值就无法体现,目标就无法实现。

1690. 考验人的才能不在于他是否拿到一副好牌,而在他能打好一副坏牌。

1691. 人生的最大遗憾,莫过于轻易地放弃不该放弃的,固执地坚持了不该坚持的。

1692. 刮骨疗毒,勇者所为;虽疼痛入骨,然去毒护体。

1693. 任何高超领导艺术背后都是对领导规律的科学遵循。

1694. 清醒而知忧患,自觉而能忧患,务实而解忧患。

1695. 一份信心，一份努力，一份成功；十分信心，十分努力，十分成功。

1696. 只有千锤百炼，才能成为好钢。

1697. 任难任之事，要有力而无气；处难处之人，要有知而无言。

1698. 当进则进，当止则止。

1699. 大智知止，小智惟谋；过犹不及，知止不败。

1700. 智慧不够却思谋大事的人终究会失败，思虑过多却谋求长远的人很难成功。

1701. 为天地立心，为生民立命，为往圣继绝学，为万世开太平。

1702. 增强狠抓落实的本领，不仅要有一腔热血，更要有冷静的头脑、科学的方法。

1703. 处事当明察，谋事应远虑。

1704. 道是术的基础，术是道的表现，道为上、术为下，道为本、术为末，道是思想、术是方法，道术合二为一才是正道。

1705. 顺势而为，如同顺水推舟，自然省时省力，事半功倍；逆势而动，则如逆水行舟，劳神费心，往往不进反退。

1706. 学会分工授权，分压担子，小事快速了结即可，不可画蛇添足。

1707. 向内收敛愈紧实，打出的力道就愈强劲。

1708. 果断不是武断，更不是专断。

 第八辑 领导方略

第九辑　组织方略

1709. 制度重于技术。

1710. 众人之治优于一人之治。

1711. 只有群众得利,管理才能得力。

1712. 让人民群众满意不仅是党员本分所在,也是行稳致远最牢靠的"靠山石"。

1713. 事业就是感召力,服务就是吸引力,环境就是凝聚力。

1714. 监督有力,治党才有效。

1715. 国有贤良之士众,则国家之治厚;贤良之士寡,则国家之治薄。

1716. 逆者难从,顺者易行,难从则乱,易行则理。

1717. 规则创造了秩序。

1718. 随时立制,遇弊则变。

1719. 法者,治之端也。

1720. 搞乱一个国家,必先搞乱一个国家的历史;搞乱一个执政党,必先搞乱一个执政党的历史,从而动摇这个国家、这个执政党的合法性基础。

1721. 寻求全社会意愿和要求的最大公约数，画出民心民意的最大同心圆。

1722. 家风正，则政风淳，党风清。

1723. 懂团结是真聪明，会团结是真本领；团结出凝聚力、战斗力和新的生产力。

1724. 干部清正、政府清廉，政治清明是政治生态文明的根本保证。

1725. 徒善不足以为政，徒法不能以自行。

1726. 一根筷子容易折，十根筷子硬如铁。

1727. 没有使命的组织是走不远的，而一个忽视了组织成员物质利益的组织则是没有生命力的。

1728. 组织是水，干部是鱼。

1729. 阶级的核心是政党，政党的核心是领袖，领袖的核心是意志与思想。

1730. 长治久安，关键在基层；安全稳定，重心在基层。

1731. 没有团结就没有稳定与发展，没有共同发展也就没有团结的基础。

1732. 系统优于个体。

1733. 众力并则万钧举,人心齐则泰山移。

1734. 万人操弓,共射其一招,招无不中。

1735. 纪律是执行路线的保证。

1736. 纪律是达到一切雄图的阶梯。

1737. 人在一起是聚会,心在一起是团队。

1738. 有官必有课,有课必有赏罚。

1739. 严管就是厚爱,治病是为了救人。

1740. 任用是最大的信任,信任不能代替监督,监督的出发点是爱护。

1741. 只有良法之治才能称得上法治。

1742. 一滴水,融入大海,也就有了大海的宏阔与磅礴;一棵树,融入森林,也就有了森林的葱郁和深厚。

1743. 反腐败不是一场轻松愉快的游戏,而是艰巨复杂的长期斗争。

1744. 全面从严治党,既要靠治标,猛药去疴,重典治乱;也要靠治本,正心修身,涵养文化,守住为政之本。

1745. 家风正,则人烟旺、事业兴。

1746. 家庭是人生的第一课堂,父母是孩子的第一任老师。

1747. 家风好，就能家道兴盛，和顺美满；家风差，难免殃及子孙，贻害社会。

1748. 国家好，民族好，家庭才能好；千家万户都好，国家才能好，民族才能好。

1749. 众心成城，众口铄金。

1750. 对党忠诚，为党分忧，为党担责，为党尽责。

1751. 政之兴废，在乎民心。

1752. 按本色做人强调领导干部的政治本色和全心全意为人民服务的宗旨不能变，这是共产党人的执政之基；按角色做事则说明领导干部开展工作要根据岗位角色的要求灵活变化，因应当地群众干部的需求和觉悟。

1753. 伟大梦想指引正确方向，为伟大斗争、伟大工程、伟大事业提供领航导向；伟大斗争昭示担当精神，为伟大工程、伟大事业、伟大梦想扫除障碍，提供牵引；伟大工程锻造领导力

量，为伟大斗争、伟大事业、伟大梦想开辟前进路径。

1754. 党兴则国强，党衰则国弱。

1755. 政府是创造财富的主导，企业是创造财富的主体；凡是法律不禁止的，市场与企业都可以进入，而政府只能做法律规定的事情。

1756. 担当是中国共产党人的脊梁精神，权力就是责任，责任就是要担当，权力有多大，责任担当就要有多大。

1757. 政德兴，则政权安；政德衰，则政权乱。

1758. 忠诚既是团结一致的"聚合剂"，也是党的力量的"倍增器"。

1759. 人之忠也，犹鱼之有渊；鱼失水则死，人失忠则凶。

1760. 人民创造历史，劳动开创未来。

1761. 政治生态风清气正，干部就会有干劲、有奔头，就会干实事、走正道；政治生态不好，就会人心涣散、弊端丛生，好人无法干好事，坏人则可以恣意妄为。

1762. 一切来源于人民，一切为了人民。

1763. 对于一个政权来说，忠诚是永恒的稀缺品。

1764. 主体责任缺位，根子在党的观念淡漠。

1765. 治国安邦，重在基层。

1766. 全面从严治党，基础在全面、要害在治、关键在严。

1767. 党建工作做得好不好，不要向墙上看，要向群众脸上看。

1768. 群众的事情应组织群众多商量，大家的事情应组织大家多参与。

1769. 天地之间，莫贵于民；悠悠万事，惟民为大。

1770. 群之所为事无不成，众之所举业无不胜。

1771. 国之兴也，视民如赤子；其亡也，以民为草芥。

1772. 天下事，以实则治，以文则不治。

1773. 理论要彻底，策略应准确。

1774. 泰山不让土壤，故能成其大。

1775. 民生大于天，民心重于地。

1776. 积力之所举，即无不胜也；众智之所为，即无不成也。

1777. 长江后浪推前浪，江山代有人才出。

1778. 人心冷暖关乎天下得失。

1779. 赢得民心民意，汇集民智民力。

1780. 因民之利而导之，顺民之意而能之。

1781. 上下同欲者胜，风雨同舟者兴。

1782. 算账要算大局账、长远账、明晰账，但归根结底要算好民心账。

1783. 法令行则国治，法令弛则国乱。

1784. 聚是一团火，散似满天星。

1785. 在利益、目标之后，就是力量；没有力量是任何利益都保不住的。

1786. 政治生态好，人心就顺、正气就足；政治生态不好，就会人心涣散、弊病丛生。

1787. 凡上下之情，通则治，不通则不治。

1788. 党要管党,才能管好党;从严治党,才能治好党。

1789. 为敢闯者壮胆,为实干者撑腰。

1790. 团结就是力量。

1791. 万夫一力,天下无敌。

1792. 守不忘战,将之任也;训练有备,兵之事也。

1793. 作风问题抓和不抓大不一样,小抓大抓也大不一样。

1794. 安享和平是人民之福,保卫和平是人民军队之责。

1795. 系统的结构决定系统的功能,结构的变化决定功能的变化。

1796. 体制活则全盘活,体制新则事业新。

1797. 体系依托结构,结构决定功能,功能源自需求。

1798. 要把我们想说的与干部群众想听的结合起来,把"大水漫灌"与"精确滴灌"结合起来,让马克思说中国话,让基本原理变成生动道理,让根本方法变成管用办法。

1799. 严治之军，所向披靡；无治之兵，百万无益。

1800. 一个国家真正的强大，一定是制度的强大、规则的强悍。

1801. 让欲望止于规矩，使歪念停于纪律。

1802. 治理应有利于激发社会活力，扩大人民民主，实现社会正义。

1803. 廉政不等于勤政，更不等于优政。

1804. 独行快，众行远。

1805. 上下同心，其利断金。

 第九辑 组织方略

1806. 引领自己，要用脑；引领别人，要用心。

1807. 个人可以有不足，但团队不能有短板。

1808. 忽略团队力量，注定走下坡路。

1809. 齐则有序，齐则有效，齐则有力。

1810. 绳拧一股拉不断，人心分散无力量。

1811. 气欲柔不欲强，欲顺不欲逆，欲定不欲乱，欲聚不欲散。

1812. 推进标本兼治，靠加大惩治力度，形成持续震慑,巩固不敢腐;靠深化改革,健全制度,完善激励和约束机制,促进不能腐;靠坚定理想信念宗旨,选对人用好人,弘扬优秀传统文化,牢固树立"四个自信",强化不想腐。

1813. 以道为常,以法为本。

1814. 全面从严治党如逆水行舟,不进则退,松一松则功亏一篑,缓一缓则前功尽弃。

1815. 严格党内政治生活,严明的是领导操守,规范的是党员行为,惠及的是百姓民生。

1816. 人不守规矩则废,党不讲纪律则乱。

1817. 作风建设,做于细、成于严。

1818. 吏不廉平,则治道衰。

1819. 治国有常,治党重纲。

1820. 治国必先治党,治党务必从严,从严必依法度。

1821. 纪律和规矩是道德的保障,崇德向善必须与遵规守纪相辅而行。

1822. 强化不敢腐的震慑，扎实不能腐的笼子，增强不想腐的自觉，实现海晏河清、朗朗乾坤。

1823. 不同民族的生存不应是非此即彼、你死我活，而应是共生共存。

1824. 一个团队有了共同的价值观、有了一致的行动方向，就可以形成巨大的合力，也就战无不胜，攻无不克了。

1825. 人心向党，政党必然生机勃勃；人心背党，政党必然凋零败落。

1826. 离开了人民的立场，离开了群众观点，离开了为大多数人谋福利，半点马克思主义都没有。

1827. 由小处看，政绩的积累是个人被选择担负更高级领导责任的重要依据；由大处看，政绩的汇集则是对一个政党执政能力的检验。

1828. 得民心者显政绩，民心是衡量政绩的一杆秤。

1829. 人无规矩则废，家无规矩则祸，党无规矩则亡，国无规矩则乱。

1830. 干部作风是人民群众观察评价党风的晴雨表；作风建设是营造良好政治生态的重要切入点。

1831. 干工作，离不开必要的形式，但如果形式远大于内容，甚至徒有形式没有内容，就变成了形式主义，就会有百害而无一利。

1832. 时代是出卷人，我们是答卷人，人民是阅卷人。

1833. 理论学习要抓深入，理论宣传要抓普及，理论研究要抓重点，理论引导要抓热点。

1834. 主旋律引领舆论，正能量团结鼓劲。

1835. 主题宣传要做强，形势宣传要做透，政策宣传要做准，成就宣传要做实，典型宣传要做活，舆论监督要有力。

1836. 传播手段要新，传播载体要广，传播渠道要宽，媒体融合要深。

1837. 人视水见形,视民知治不。

1838. 党内所有的政治问题,归根到底就是对党是否忠诚。

1839. 忠诚印寸心,浩然充两间。

1840. 坚持在"常和长、严和实、深和细"上下功夫,管出习惯,抓出成效,化风成俗。

1841. 政贵有恒,治须有常。

1842. 全党理想信念坚定,党就拥有无比强大的力量;理想信念淡薄,就会聚集乌合之众,风一吹就散。

1843. 凝聚产生力量,团结诞生兴旺。

1844. 一草一木当晓百姓利益,一言一行勿忘党的宗旨。

1845. 有严才有清风正气,有严才有民心公论。

1846. 树之茂盛靠根深,人之忠诚靠铸魂。

1847. 勤者,为政之要;廉者,为政之本。

1848. 全面从严治党不可满足过去时,应牢牢抓住进行时,主动谋划将来时,永远没有完成时。

1849. 人心齐，泰山移。

1850. 看齐紧跟决不掉队，不忘初心维护核心。

1851. 再微小的细节，也能折射出一个人的作风；再轻微的苗头，也会危害一个政党的根基。

1852. 组织才是最大的靠山。

1853. 越规者，规必惩之；逾矩者，矩必匡之。

1854. 领导是一种权力，更是组织赋予的一种责任；岗位有一定待遇，但更是组织赋予的一种使命。

1855. 坦诚相见，才能心心相印。

1856. 治国有常，而利民为本。

1857. 没有一种根基，比扎根人民更坚实；没有一种智慧和力量，比从群众中汲取的更强大；没有一种执政资源，比赢得民意更珍贵持久。

1858. 人情再大，大不过道德原则；家人再亲，绝不能超越党和人民的利益。

1859. 人民有信仰，民族有希望；个体有担当，国家有力量。

1860. 心中有党，才能坚定理想信仰，永不迷失方向；心中有民，才能牢记党的宗旨，不负人民期待；心中有责，才能敢于担当，造福一方；心中有戒，才能有所敬畏，令行禁止。

1861. 千人同心，则得千人之力；万人异心，则无一人之用。

1862. 没有一流的人才，就没有一流的政府。

1863. 治国凭圭臬，安邦靠准绳。

1864. 秩序是自由的前提，没有秩序谈不上自由。

1865. 没有人什么也无法实现，没有制度什么也无法持续。

1866. 衡量党性强弱的根本尺子是公、私二字。

1867. 制度让想犯错误的人犯不了错，信仰让有机会犯错的人不愿意犯错。

第九辑　组织方略

1868. 制度不在于多，而在于精，在于务实管用，突出针对性和指导性。

1869. 责己的人多，国家必兴；责人的人多，国家必乱。

1870. 能够解决执行力和团队智商两个问题的团体是最佳的团队。

1871. 治国理政是好是坏，主要是看人民的满意度；人民满意就好，人民不满意就不好。

1872. 事在四方，要在中央。

1873. 文化的核心是精神，精神的核心是信仰。

1874. 要想成功，就要赢得人心。

1875. 一个人做事的时候，不仅取决于你有多能干，也取决于你能调动多少资源来帮助你。

1876. 有善人无善法，则没有规矩方圆；有善法无善人，则法或为空文，或反而成为舞文者的手段。

1877. 政不可多门，多门则民扰。

1878. 不忘初心，方得始终。

1879. 反腐败需要同时做两件事情，一是反腐败的制度建设，二是根据制度反腐败。

1880. 木有本而枝茂，水有源而流长。

1881. 只有党具有了先进性，党才会有辐射功能；只有党具有了辐射功能，才能保证党的先进性。

1882. 善待职位，把职位作为为人民服务的舞台。

1883. 只有上下同欲、众志成城，才能构筑最坚强的队伍；只有齐心协力、惟精惟一，才能聚合最伟大的力量。

1884. 有什么样的党内政治生活，就会有什么样的党组织，有什么样作风的党员，有什么样形象的领导干部。

1885. 国因法而治，党因规而强。

1886. 常怀忧患之思，常念人民之托，砥砺复兴之志。

1887. 基层牢则政权稳，基层治则天下安。

第九辑　组织方略

1888. 令之不行，政之不立。

1889. 为民是一种责任，爱民是一腔赤诚。

1890. 民心顺事事顺，民心稳社会稳。

1891. 为官之道，贵在安民；安民之要，贵在体察其疾苦。

1892. 国无法则人无矩，法不公则国不稳。

1893. 民生关乎民心，系乎党运国运。

1894. 能用众力，则无敌于天下矣；能用众智，则无畏于圣人矣。

1895. 乘天之时，因地之利，用人之力，乃可富强。

1896. 一个国家没有核心会乱，一个家庭没有核心会散。

1897. 视人民为亲人，把组织当"靠山"。

1898. 核心就是旗帜、就是方向、就是信心、就是力量。

1899. 失去了政治纪律的约束，最终必然失去政党本身。

1900. 党内政治生活严肃，全体党员和党的各级组织都遵规守矩，政治生态必然良好；党内政治生活庸俗化、随意化、平淡化，党员和党的组织各行其是，政治生态必然恶劣。

1901. 欲知平直，则必准绳；欲知方圆，则必规矩。

1902. 矩不正，不可以为方；规不正，不可以为圆。

1903. 勤政廉政则政通人和，亲民爱民则民康物阜。

1904. 管理要设权限，办事要有规则，议事要有程序。

1905. 团结的面越宽越好，团结的人越多越好。

1906. 悠悠万事，民生为重；政之所兴，在顺民心。

1907. 家和万事兴，家齐国安宁。

1908. 人民就是江山，江山就是人民。

1909. 人创造环境，环境也创造人。

1910. 治天下者以史为鉴，治郡国者以志为鉴。

1911. 脚上沾满多少泥土,对群众的感情就有多深;群众在自己的心中有多重,自己在群众心中就有多重。

1912. 法律和制度缺少细节,必将导致许多严重问题。

1913. 管理要全面,标准要严格,环节要衔接,措施要配套,责任要分明。

1914. 先有法律才有秩序。

1915. "家和万事兴",过好了小日子,才能有大江山。

1916. 党纪严于国法。

1917. 把服务群众与教育群众结合起来,做好群众工作。

1918. 群众有所呼,干部要有所应。

1919. 安危在出令,存亡在所任。

1920. 治国理政必正风俗。

1921. 法治是治国理政的基础。

1922. 人心稳,百业兴。

1923. 令在必信,法在必行。

1924. 为国也,观俗立法则治,察国事本则宜。

1925. 民生无小事，枝叶总关情。

1926. 天地之大，黎元为先。

1927. 单丝不线，孤掌难鸣。

1928. 和羹之美，在于合异。

1929. 要有法，要有良法，要有良好的法的施行，三者缺一不可。

1930. 权乃民授，民授必须为民。

1931. 人民当家做主是最大的尊严。

1932. 执政理念，必须团结和凝聚人民。

1933. 民生连着民心，民心凝聚民力。

1934. 一定程度的组织化是任何社会性存在的必要前提。

1935. 没有人，一切皆无可能；没有好的体制，一切不可持续。

1936. 帮钱帮物不如建个好支部。

1937. 反腐大快人心，促民生才能大获民心。

1938. 与民共其乐者，人必忧其忧；与民同其安者，人必拯其危。

1939. 乘众人之智，则无不任也；用众人之力，则无不胜也。

1940. 为政之要，唯在得人；治国理政，关键在人。

1941. 实践出真知，基层是沃土。

1942. 以真心去联系群众，用真情与群众交流，做到真正为群众服务。

1943. 万物尽秋气，一室难为春。

1944. 履不必同，期于适足；治不必同，期于利民。

1945. 民之所盼，政之所向。

1946. 伟大斗争赖有核心掌舵，伟大工程需要核心领导，伟大事业依靠核心领航，伟大梦想源自核心指引。

1947. 共识是共为的前提和基础，共为是共识的目的和归宿。

1948. 政从正来，以正资政。

1949. 国勤则治，怠则乱。

第十辑　交往方略

1950. 别在压力大时压榨自己,是善待自己的生活方式;别在压力大时无意识地压榨别人,也是善待自己未来的生活方式。

1951. 该说则说,不该说时坚决不说,言必适时、言必适情、言必适度。

1952. 蓬生麻中,不扶而直;白沙在涅,与之俱黑。

1953. 但教方寸无诸恶,虎狼丛中也立身。

1954. 授之以鱼,只供一饭之需;授之以渔,则终身受用无穷。

1955. 处身者,不为外物眩晃而动;则其心静,心静则智识明。

1956. 博取众善,以辅其身。

1957. 众叛亲离从疑心开始。

1958. 智者善听众人言。

1959. 真正的耳聪是能听到心声,真正的目明是能透视心灵。

1960. 诚实是保险的说话方法。

1961. 上交不谄,下交不渎。

1962. 道不同不相为谋。

1963. 道德高尚者让，品质低下者争；志向远大者让，鼠目寸光者争；用权为公者让，贪图私利者争。

1964. 志同则心同，心同则力同。

1965. 合作会有两个赢家，争夺只有一个赢家，对抗则会导致两败俱伤。

1966. 眼里识得破，肚里忍得过。

1967. 自家有过，人说要听，当局者迷，旁观者醒。

1968. 其所善者，吾则行之；其所恶者，吾则改之。

1969. 逢着瞎子不谈光，逢着癞子不谈疮。

1970. 朽木不可为柱，坏人不可为伍。

1971. 莫妒他长，妒长，则己终是短；莫护己短，护短，则己终不长。

1972. 是非天天有，不听自然无。

1973. 改变别人，不如先改变自己。

1974. 多想想自己的错，就会慢慢忘记别人的过。

1975. 不会与人相处,就不会成功;只会与人相处,而不会独处,同样不会成功。

1976. 有事多商量、遇事会商量,既是为了出共识、出办法,也是为了出感情、出团结。

1977. 勿因群疑而阻独见,勿任己意而废人言。

1978. 良言一句三冬暖,恶语伤人六月寒。

1979. 宁说微言,不说谬语;宁讲辩言,不讲赘语;宁有错话,不有假话;宁不讲话,不讲空话。

1980. 办事靠大家,荣誉给大家。

1981. 让人自悟为上,引而不发为中,强加于人实乃下策。

1982. 寂寞是想近人而无人可近,无聊是想做事而无事可做。

1983. 懂得敬业乐群的人,人生才能一帆风顺。

1984. 观其言、察其行、知其底,方知其人。

1985. 万物人至上,万事和为贵。

1986. 君子总是磨砺自己，小人总是算计别人。

1987. 恭维的话像香水，可以闻一闻，但千万不要把它吞下去。

1988. 成功的团队没有失败者，失败的团队没有成功者。

1989. 是雄鹰就不要与麻雀纠缠。

1990. 以诚感人者，人亦以诚而应。

1991. 理解别人，远比审判别人更为快乐。

1992. 不要拿一个人的往事，去怀疑一个人的本质。

1993. 忍让，是思前想后做出的决定；包容，是不计前嫌给人的机会。

1994. 为别人鼓掌的人也是在给自己的生命加油。

1995. 坚强的人，并不是能应对一切，而是能忽视所有的伤害。

1996. 包容，是一个人最大的修养。

1997. 心若计较，处处都是怨言；心若放宽，时时都是春天。

1998. 尝尽人生百味，方知人间冷暖；历尽沧桑千帆，方悟人生正负。

1999. 团结奋进，山海可蹈；勠力同心，未来可期。

2000. 明智的妥协是一种适当的交换。

2001. 善待自己，幸福无比；善待别人，快乐无比；善待生命，健康无比。

2002. 懂我的人，不必解释；不懂我的人，何必解释。

2003. 忍一言风平浪静，退半步海阔天空。

2004. 要成功，需要朋友；要取得巨大的成功，需要敌人。

2005. 心情再差，也不要写在脸上，因为没有人喜欢看。

2006. 要有自知之明；要有自控力，学会控制自己；要有同理心，学会换位思考；要有适度的交往热情。

2007. 微笑是柔软之心开出的花，爱语是柔软之心结出的果。

2008. 低眉顺目比金刚怒目更具威严。

2009. 谎言与高调，是一枚硬币的正反两面；谎言之前必是高调，高调之后必是谎言。

2010. 马在松软的土地上易失蹄，人在甜言蜜语中易摔跤。

2011. 说自己好，别人不信；说自己坏，别人会信。

2012. 平民情怀最动人。

2013. 身份越高，言语越要慎重。

2014. 图谋恶事的，心存诡诈；劝人和睦的，便得喜乐。

2015. 丰富自己，比取悦他人要有力量。

2016. 想成为大树，就不要和草去比。

2017. 人最怕缺的是德，最怕失的是信。

2018. 谗言毁人深，暗箭最伤人。

2019. 简单的事不争吵，复杂的事不烦恼，发火时不讲话，生气时不决策。

2020. 宁可保持沉默像傻子，也不要一开口就证明自己是傻瓜。

2021. 沉默是反击无耻的无声风暴，愤怒是抗击外辱的有效"自残"。

2022. 不言人私，不揭人短。

2023. 有时话多，会惹出好多麻烦；话少，能减少好多麻烦；沉默，可避免好多麻烦；微笑，能解决好多麻烦。

2024. 善良与尊重，是融合彼此的不二法门。

2025. 说别人听得懂的话，写别人看得懂的字。

2026. 以言语讥人，取祸之大端；以度量容人，集福之要术。

2027. 请示问题不要带着问题请示，要带着方案请示；汇报工作不要评论性地汇报，而要陈述性地汇报。

2028. 与其言过其实，不如不说为宜。

2029. 对上以敬，对下以慈，对人以诚，对事认真。

2030. 诚于嘉奖，宽于称道。

2031. 多狐疑者，不可与之谋事。

2032. 宁学敌人的优点，不取朋友的缺点。

2033. 雪中送炭胜过锦上添花。

2034. 宁愿少言寡语，也不废话连篇。

2035. 己顺，示人以平和；己达，示人以谦恭；己喜，示人以沉静。

2036. 柔和的声音，叫人心生欢喜；正义的声音，使人荡气回肠；慈悲的声音，让人终生难忘；赞美的声音，令人如沐春风。

2037. 越是看起来极简单的人，越是内心极丰富的人。

2038. 道歉化干戈，宽容贵似金。

2039. 把话说清讲好的四条标准：听得懂、记得住、传得开、做得到。

2040. 对上司要尊重而不奉承，对下属要关爱而不溺宠。

2041. 奉承是杀人的暗箭。

2042. 宁听难听的实话，不听动听的假话。

2043. 勿滥用语言的功能，却忘了沉默的力量。

2044. 说话出自天性，沉默出自智慧。

2045. 做人，不戴面具；交往，不玩心眼。

2046. 多一点忍耐，就会少几次后悔；少几次翻脸，就多几个台阶；多几次听不见，就少几次庸人自扰；少撂几句狠话，就多一些余地。

2047. 懂得退让，方显大气；知道包容，方显大度。

2048. 看清而不揭穿，便懂得原谅的意义；讨厌而不翻脸，便知道至极的尊重。

2049. 能忍耻者安，能忍辱者存。

2050. 倾听来自心灵的声音和力量。

2051. 话多不如话少，话少不如话精。

2052. 有人帮是幸运，无人帮是命运；切勿怨声载道，切勿说三道四。

2053. 嘴长他人之身，耳长自己之体，说不说他人事，听不听自己事。

2054. 认识人靠缘分，了解人靠耐心，征服人靠智慧，团结人靠包容。

2055. 具体的赞美，让人感到真心和诚意。

2056. 沟通从读懂人心开始。

2057. 索取是卑下的，给予永远高高在上。

2058. 嫉妒和仇恨，只要生了芽儿，日积月累，总有爆发的时候。

2059. 内心强大，才能道歉，但必须更强大，才能原谅。

2060. 看人长处，帮人难处，记人好处。

2061. 不能用小聪明，会辜负很多善意；不能用小心眼，会错过许多幸福；不能用小固执，会让烦恼占了心窝。

2062. 勿施小惠而伤大体。

2063. 对待上级贵在恭敬，不在屈从；对待百姓要用诚信，不能用权术。

2064. 不宽恕别人，是苦了你自己。

2065. 把别人垫高，把自己放低。

2066. 不要每时每刻都想成为中心。

2067. 争则愈见其私，品位更低；让则愈见其公，品位更高。

2068. 学会平静地对待冒犯。

2069. 斤斤计较，难成大事。

2070. 真诚并不意味着要指责别人的缺点，但意味着一定不恭维别人的缺点。

2071. 一个不会和自己相处的人，很难与别人相处；一个不尊重自己的人，不可能会尊重他人。

2072. 真正的交往，至简至真。

2073. 世间最好的默契并非有人懂你的言外之意，而是有人懂你的欲言又止。

2074. 想治疗人类的愚蠢，办法之一可能就是加点儿谦逊。

2075. 吃明亏是智慧，吃暗亏是境界。

2076. 不要不顾后果地直言不讳，否则会引起麻烦。

2077. 喜欢讥讽议论别人的人，对自己的要求往往不严。

2078. 读懂自己，才能读懂世界。

2079. 一次愉快的交谈包含着许多意料之外的回应，一次新的合作可以带来新的思想和关注点。

2080. 只有了解了一个人的心性和当时的语境，才能更准确地解读其某句话的含义。

2081. 能力越低的人,由于自我认识不足,越容易过度自信,错误高估自己。

2082. 不会换位思考、善解人意,就没有别开生面的新人际关系。

2083. 善于欣赏他人,就是给予他人的最大善意,也是最成熟的人格。

2084. 只有创造才能前进,只有适应才能生存。

2085. 相通则共进,相闭则各退。

2086. 肯吃亏才会有权威,能吃苦才会有收获。

2087. 赞美和尊重如同食物一样,每个人都渴望。

2088. 重复同一个理由更容易拒绝不合理要求。

2089. 学一分退让,讨一分和气。

2090. 乐人之乐,人亦乐其乐。

2091. 万物尊重虔诚的心灵。

2092. 欣赏别人就是庄严自己,原谅别人就是善待自己。

20.93. 不怕事多，只怕多事；闲人无乐趣，忙人无是非。

20.94. 口是心非之人不可结，不知高低之人不可理。

20.95. 帮助同事就是帮助自己。

20.96. 哗众，可以取宠，也可以失宠。

20.97. 无理取闹，必有所图。

20.98. 真坏人并不可怕，可怕的是假好人。

20.99. 孤单是一个人的狂欢，狂欢是一群人的孤单。

2100. 它山之石，能够攻玉。

2101. 良药苦口利于病，忠言逆耳利于行。

2102. 千里搭长棚，没有不散的筵席。

2103. 冤家宜解不宜结。

2104. 人有悲欢离合，月有阴晴圆缺，此事古难全。

2105. 言之无罪，闻者足戒。

2106. 物以类聚，人以群分。

2107. 口惠而实不至，怨灾及其人。

2108. 君子坦荡荡，小人长戚戚。

2109. 得道多助,失道寡助。

2110. 先理解别人,再使别人理解自己。

2111. 发送者和接收者必须处于同一频率之内。

2112. 人际互联,改变生活;万物互联,改变生命。

2113. 一切都在变化,每个人都受到正反两方面的影响。

2114. 拥抱正能量,抛弃负能量。

2115. 差异越大,冲突就越大。

2116. 书必当择而读,友必当择而交。

2117. 世上没有无缘无故的爱,也没有无缘无故的恨。

2118. 申天下之乐故乐亦报之,屈天下之忧故忧亦及之。

2119. 君子之交淡如水,为政之道清似茶。

2120. 得理者心安,得道者神宁。

2121. 坚持自信而不自满,昂扬而不张扬。

2122. 天下没有两片相同的树叶,事物总是处于矛盾发展之中,坚持求同存异,找到最大公约数，方能实现"合"。

2123. 在争辩的时候，最难驳倒的观点就是沉默。

2124. 劝告别人时，若不顾及别人的自尊心，再好的言语都是没有用的。

2125. 只有谦卑地放下自己，才能用眼观察、用耳倾听、用心体会，才能获得新的灵感和力量。

2126. 与其失之过迟，不如失之过早。

2127. 以金相交，金耗则忘；以利相交，利尽则散；以势相交，势败则倾；以权相交，权失则弃；以情相交，情断则伤；唯以心相交，方能成其久远。

2128. 爱出者爱返，福往者福来。

2129. 表扬一个人最好用公文，批评一个人最好用电话。

2130. 给人面子，别让他人下不了台。

2131. 朋友越走越近，良言越说越亲。

2132. 没有坦率的关爱会导致不良的人际关系；而没有关爱的坦率则造成人际关

系的疏远。

2133. 不说人短，不扬己长，不争名利。

2134. 交往的质量在于距离。

2135. 交往过度是致命的。

2136. 最好的交往是无欲无求的，是心灵最真挚的握手，是情感最真诚的交流。

2137. 信任为时间架了桥，它为成果做了预付。

2138. 自谋不成，则欺心而弃己；与人不诚，则丧德而增怨。

2139. 造物所忌者巧，万类相感以诚。

2140. 表扬的话公开说，批评的话私下说。

2141. 零反馈是沟通的杀手。

2142. 鼓励一定比惩罚好。

2143. 无辩能息谤，无争能止怨。

2144. 与人共事多言善，背后捣鬼自遭殃。

2145. 给予就会被给予，剥夺就会被剥夺；信任就会被信任，怀疑就会被怀疑；爱就会被爱，恨就会被恨。

2146. 有些菜要大火快炒，有些菜得文火慢煨；有些话要开门见山，有些话要拨云见日。

2147. 无法改变事实的话不说，会造成分化效果的话不说，会伤人自尊心的话不说。

2148. 以关怀代替质问，以建议代替责难，以暗示代替直言。

2149. 尴尬的场面需要幽默，死板的场面需要笑话，仇恨的化解需要宽恕，战乱的时代需要爱。

2150. 谈话时与其当面戳破不如幽默。

2151. 讽而刺，是"讽刺"；讽而不刺，是"幽默"。

2152. 互动需要基础，融入需要条件。

2153. 天下兼相爱则治，交相恶则乱。

2154. 有效的沟通取决于沟通者对议题的充分掌握，而非措辞的甜美。

2155. 非宽大无以兼覆，非慈厚无以怀众。

2156. 不放过关怀别人的机会。

2157. 意气用事，人和必失；如能慎始，必

第十辑 交往方略

可昌隆。

2158. 冲动是魔鬼。

2159. 以人为镜,可以知得失。

2160. 气度就是风度,不急不躁才和谐。

2161. 恶言不出口,苟言不留耳。

2162. 言不可轻说,若说话更改,不如不说;言不可轻诺,若应诺更改,不如不诺。

2163. 为人行事勿猖狂,祸福渊潜各自当。

2164. 刀疮易没,恶语难消。

2165. 谗言伤善,青蝇污白。

2166. 说人之短乃护己之短,夸己之长乃忌人之长。

2167. 对不起是一种真诚,没关系是一种风度。

2168. 从一个人的交友就能看出他的为人,同样,从一个人讲的故事可以了解他的为人。

2169. 乐观的人只顾着笑,而忘了怨;悲观的人只顾着怨,而忘了笑。

2170. 含蓄是一种美，也是对他人的一种尊重。

2171. 凡事需要多听但少言；聆听他人的意见，但保留自己的判断。

2172. 外观往往和事物的本身完全不符，世人都容易为表面的装饰所欺骗。

2173. 重人情，使规则不再冰冷；讲规则，使人情不再世故。

2174. 规则是方，人情是圆，方圆组合才有精美的图形；规则是刚，人情是柔，刚柔并济，融合共生，社会才能和谐美好。

2175. 近朱者赤，近墨者黑；盘圆则水圆，盂方则水方。

2176. 宽容不是纵容，保护不是庇护。

2177. 谈判的实质是妥协。

2178. 小心过分尊重你的人。

2179. 说话简明，才能语惊四座。

2180. 多言数穷，不如守中。

2181. 率性而为只会害了自己。

2182. 能出则出,不出则守。

2183. 没有包容就没有拓展。

2184. 争辩、解释、抱怨可以不做。

2185. 只有将心比心,才能换取真心,才能找到解决问题、推动工作的良策。

2186. 恩德相结者,谓之知己;腹心相照者,谓之知心;声气相求者,谓之知音。

2187. 最可靠的是真诚。

2188. 如果不能感同身受,就不要肆意妄加评判。

2189. 相互尊重是前提,公平正义是准则,合作共赢是目标。

2190. 海内存知己,天涯若比邻。

2191. 和平的逻辑是适度,而适度则意味着有限。

2192. 害人如害己,宽恕别人就等于宽恕自己。

2193. 释怀、放下,是对自己的善待,也是对周围所有人的善待。

2194. 输出恐怖,得到的必然是恐怖。

2195. 一味走别人的路,必将堵死自己的路。

2196. 一个完全不懂拒绝的人,也不可能赢得真正的尊重。

2197. 莫与小人为仇,小人自有对头。

2198. 做人要自信,但不能自信得过于狂妄;做人应低调,但不能低调得失去了自尊。

2199. 不懂得宽容,不会得到别人的尊重;过分的宽容,会失去自己的自尊。

2200. 眼是一把尺,量人先量己;心是一杆秤,称人先称己。

2201. 凡是拿虚伪做武器的,在还没有损害别人之前,先损害了自己。

2202. 善待自己最好的方法是善待别人,善待别人最好的方法是宽容别人。

2203. 当建设性的批评没有的时候,破坏性的批判就不远了。

2204. 礼之用,和为贵。

2205. 容许一时之错,宽恕一念之差,往往能收到意想不到的效果。

2206. 谤贤者必小人。

2207. 温和才是最强大的力量,明智的宽恕往往才是最好的办法。

2208. 不赶时髦,也不避时髦。

2209. 给予就是接受,施恩就是受惠。

2210. 吃亏是福,贪欲是祸。

2211. 宁可得罪人吃眼前亏,决不放弃原则当好人。

第十一辑　自律方略

2212. 如果什么都想要，只会什么都得不到。

2213. 举头三尺有纲纪。

2214. 择术不如治心，审途不如正步。

2215. 道德的基础是自律。

2216. 小节不慎，大节难守。

2217. 为官不廉即不孝。

2218. 没本事干不好工作，不守本分走不了正道。

2219. 靠高尚的品行和实在的政绩赢得百姓的敬佩称赞，靠理智的守身和真诚的感恩营造家庭的幸福安宁。

2220. 慎行其身，不遗父母恶名。

2221. 无理则欲滥，无欲则理废。

2222. 权力是一柄双刃剑，在善用者手中，它可以成为掌权者发挥才智的平台，造福一方，惠泽万民；在滥用者手中，权力则变成掌权者满足私欲、胡作非为的工具，伤及群众利益，祸国殃民。

2223. 钱，能够让深刻的人更深刻，让浅薄

第十一辑 自律方略

的人更浅薄；钱，能够让懂得幸福的人更幸福，让不懂幸福的人更不幸。

2224. 腐败必究，罚当偿罪。

2225. 出于众人为公论，出于一人为私意。

2226. 自醒、自警、自省是健康平安的"预警器"。

2227. 自私、自负、自满是故步自封的"绊脚石"。

2228. 放肆、放纵、放任是身败名裂的"致命伤"。

2229. 松懈、松垮、松劲是我行我素的"麻醉剂"。

2230. 非才则废事，权重则难制。

2231. 对权力的无原则崇拜是导致腐败的一个重要原因。

2232. 用权不为私，用权不失控。

2233. 无论是个人还是团队，信念和原则都是最后的底线。

2234. 职务越高，权力越大，越要正确用权、谨慎用权、干净用权，越要像珍惜生命一样珍惜名节和操守。

2235. 党纪严于国法，破法必先破纪。

2236. 一念贪心起，百万障门开。

2237. 贪念不止，囹圄近之。

2238. 理想是总开关，纪律规矩是安全阀，守纪守法是最底线。

2239. 把好用权"方向盘"，系好廉洁"安全带"。

2240. 自觉发乎自愿，自愿赖于自律。

2241. 家廉连着政风，家风系着国运。

2242. 政贵清廉清正，品贵自省自律，思贵知足知止，行贵慎独慎微，心贵敬畏敬惧。

2243. 坚守制度，坚持自律，定能遏制贪腐。

2244. 一定要避免成为绯闻或闹剧的主角。

2245. 无事深忧，有事不惧。

2246. 随手关上身后的门。

2247. 小心驶得万年船，一朝不慎坠入海。

2248. 越是困难的时候越要坚强，越是顺利的时候越要谨慎。

2249. 律人先律己，言行才硬气。

2250. 连自己都管不住的人，就别想管住他人。

2251. 成于谦而败于骄。

2252. 追求高标、守好底线，是其所是、为其所为。

2253. 忍耐是抑制内心愤怒的妙招。

2254. 事不三思易出错，人不清醒犯糊涂。

2255. 没有思想上的清白，也就不能够有金钱的廉洁。

2256. 心有所敬，行有所循；心有所畏，行有所止。

2257. 小节失守是大节不保的发端，纪律是守住小节的防线。

2258. 底线比境界更重要；一个人没有境界，顶多差劲一点，但没有底线则会出大问题。

2259. 政治上守本分不偏方向，工作上守本分不乱章法，生活上守本分不丢形象。

2260. 懂规矩才有定力，守规矩才不乱方寸。

2261. 讲专业才能善谋事，懂专业才能会干事；有规矩才能干成事，守规矩才能不出事。

2262. 智慧常由思而得，悔恨每自说话生。

2263. 不必说的硬说，属于多说，多说必定招怨；不当说的偏说，这是瞎说，瞎说必定惹祸。

2264. 为了面子坚持错误是最没有面子的事情。

2265. 问题带来情绪，情绪不解决问题。

2266. 不谋私利才能谋根本、谋大利。

2267. 慎独则心安。

2268. 一个人内心不守规矩，行为就不会守规矩。

2269. 左眼看到别人缺点时，右眼要审视自己。

2270. 屈己者能处众，好胜者必遇敌；以谦接物者强，以善自卫者良。

2271. 道德是个好东西，最好以之自律，不要用来责人。

2272. 唯有先自制，方可制人。

2273. 严于律己，出而见之事功；心乎爱民，动必关夫治道。

2274. 物必先腐而后虫生，不腐则虫无以生。

2275. 心中有戒，则不越规；心中无戒，则必逾矩。

2276. 立节者见难不苟免，贪禄者见利不顾身。

2277. 不以奢为乐，不以廉为悲。

2278. 情生智隔。

2279. 一步登不上高山，但一步不慎，却能从悬崖上掉下来。

2280. 自省者自强，自律者自尊。

2281. 纪律是胜利的保证。

2282. 如果放任人性的污弊，放纵自己的欲望，则迟早会葬送自己。

2283. 廉者为官，一生尽得平安；贪者居吏，永世难求幸福。

2284. 官廉则政举，官贪则政危。

2285. 政绩不是贪婪的借口，功劳不是腐败的资本。

2286. 白袍点墨，终不可湔。

2287. 人的品性，在遭受诱惑的一瞬间被决定。

2288. 蚁穴虽小，溃之千里。

2289. 决定今天的不是今天，而是昨天对人生的态度；决定明天的不是明天，而是今天对事业的作为。

2290. 一个人廉洁自律不过关，做人就没有骨气，做事就没有正气，为官就没有底气。

2291. 人若控制不了自己，自由便无从谈起。

2292. 但立直标，终无曲影。

2293. 攻克顽症靠自身，恢复健康要耐心。

2294. 头要常凉，脚要常热，身要常动，心要常静。

2295. 身体健康可以创造万千财富，但万千财富不可能换来健康体魄。

2296. 自由不是想干什么就干什么，而是想不干什么就不干什么。

第十一辑　自律方略

2297. 年轻是本钱，但不努力就不值钱。

2298. 自觉，来自深入骨髓的信仰。

2299. 君子有常度，所遭能自如。

2300. 人生没有草稿，篇篇都是正文。

2301. 心有主则身正。

2302. 君恶闻其过，则诤化为佞；君乐闻其过，则佞化为诤。

2303. 善为师者，既美其道，又慎其行。

2304. 只有自己帮自己，别人才会帮你；只有自己不放弃，运气才会青睐你。

2305. 本色做人，角色做事，特色定位。

2306. 决定自己上限的，不是智商，而是自律。

2307. 自觉自律是最好的护身符。

2308. 万病之毒，皆生于浓。

2309. 每次雪崩都始于一片雪花的运动。

2310. 国事无私，政道去邪，法不容情。

2311. 自律方能服从，守廉方能树威。

2312. 贪婪常常使人反目，恐惧则常常让人聚拢在一起。

2313. 一个没有监管的市场可能比一个政府垄断市场的效率更低、风险更高。

2314. 一个人能否廉洁自律，最难战胜的敌人是自己。

2315. 走得久才能走得远，慎初只有配上慎终才算圆满。

2316. 欲多则人心散，心散则志衰，志衰则思不达。

2317. 不安于小成，然后足以成大器；不诱于小利，然后可以立远功。

2318. 多欲则多求，多求则招祸。

2319. 廉的前提是修身，廉的本质是无取，廉的基础是俭约，廉的保障是他律。

2320. 高处不可怕，斜坡才可畏。

2321. 每个人的爱好都可能是他的弱点。

2322. 有意义的节制才是真幸福。

2323. 在事实面前，想象力越发达，后果就越不堪设想。

2324. 一失足成千古恨，再回头已百年身。

2325. 巧言乱德，小不忍则乱大谋。

第十一辑　自律方略

2326. 对一个政党来说,纪律是生命线;对一个党员来说,纪律是高压线。

2327. 由俭入奢易,由奢入俭难。

2328. 家败离不开个奢字,人败离不开个逸字,讨人嫌离不开个骄字。

2329. 党内文化不能丢,丢了就丢了魂;党的基因不能变,变了就变了质。

2330. 功废于贪,行成于廉。

2331. 没有底线思维就会丧失底线,守住纪律底线就守住了根本。

2332. 正风必须肃纪。

2333. 忠诚是思想高地,干净是做人底线。

2334. "制"是标准规则,"度"是对标准规则的把握。

2335. 当官发财两条道,当官就不要发财,发财就不要当官。

2336. 想以阴谋获利的,必然会在阴沟里翻船;以暴力伤害他人的,必然受到法律的惩处。

2337. 贪财者见钱手痒,必将被金钱所杀;

好色者遇色心动，必将在美色中迷失；恋权者一门心思往上爬，必将被权力所反噬。

2338. 身有所正不歪斜，言有所规不妄语，行有所止不越界。

2339. 级别再高，也高不过人民；权力再大，也大不过组织。

2340. 好船者溺，好骑者坠，君子各以所好为祸。

2341. 清风凉自林谷出，廉洁源从自律来。

2342. 人必自侮而后人侮之。

2343. 有德者有志，有志者有度；有德者有责，有责者善学；有德者多助，多助者多机；有德者谨慎，谨慎者持久。

2344. 克制自己，才能驾驭自己，成就自己；放纵自己，就会被激情和欲望的魔力牵制，不得自由。

2345. 无私则正，无我则善。

2346. 尊其所闻，行其所知。

2347. 判断一个人谦逊与否，关键看其能否认真审视自我、正确摆放自己的位置。

2348. 处满常惮溢,居高本虑倾。

2349. 走正道者行远路。

2350. 擅泳者呛水,玩火者必自焚。

2351. 慎重则必成,轻发则多败。

2352. 不虑则不生,不务则不成,不傲则不失。

2353. 要管理的不是时间,而是自己。

2354. 以补过之心,以求过之急,以能改其过为善,以得闻其过为明。

2355. 大其心,容天下之物;虚其心,爱天下之善;平其心,论天下之事;定其心,应天下之变。

2356. 自己要堕落,神仙也救不了;自己要成长,绝处也能逢生。

2357. 只有知己,方能知人。

2358. 别人以偏概全时,对自己要有客观认知;别人抹黑诋毁时,也要能保持警觉、不畏亮剑。

2359. 百般狡辩诿过,不如诚恳认错。

2360. 珍惜俭朴之益，警惕嗜好陷阱，善于比较权衡，注意防微杜渐。

2361. 审慎、郑重地思考时间对自身的价值并用好它。

2362. 战战兢兢，即生时不忘地狱；坦坦荡荡，虽逆境亦畅天怀。

2363. 必然性是一万，应该顺人；偶然性是万一，应该提防。

2364. 站稳了，你就是精品一件；倒下了，你就是乱石一堆；放弃了，你就是笑话一段；成功了，你就是神话一曲；挺住了，你就是人生最美的风景线。

2365. 一念之差，人生打岔；一步之遥，人生两样。

2366. 独处常思己过，闲聊莫论人非。

2367. 只有从严要求自己，才有资格要求别人；只有从严管好自己，才有底气从严管好别人。

2368. 站不起来的人，都是自己把自己搞趴下了。

第十一辑　自律方略

2369. 安于本分则会吉祥，如有它求则不得安宁。

2370. 欲望的阀门一旦打开，就很难收拢，欲望所掀起的激浪往往会破坝决堤，一发而不可收。

2371. 自律使自己自由。

2372. 先要慎始，方能善终；时时为公，力求善终。

2373. 不正之风离我们越远，群众就会离我们越近。

2374. 一着不慎毁于一旦。

2375. 自觉把权力行使的过程作为为人民服务的过程。

2376. 贪为私动，贿随权集。

2377. "一把手"既是一双干净的手，滴油不沾、纤尘不染，又是一双干事的手，为官一任、造福一方。

2378. 监督别人，常有成人之美的胸怀；接受监督，常有虚心纳谏的气度；自我监督，常有三省吾身的境界。

2379. 只受欲望驱使等同于奴隶，服从制度的法律才有自由。

2380. 滋生骄逸之端，必践危亡之地。

2381. 克俭节用，实弘道之源；崇侈恣情，乃败德之本。

2382. 世上没有后悔药，预防未病最重要。

2383. 知足不辱，知止不怠。

2384. 欲而不知止，失其所以欲；有而不知足，失其所以有。

2385. 人有敬畏心，才有信仰；人有敬畏行，才能前进。

2386. 无规矩不自由。

2387. 越是身居高位的人，越需要接地气；越是严格自律的人，越需要一方自由的乐土。

2388. 各自责，天清地宁；各相责，天翻地覆。

2389. 时常内省自反，才德必然增长。

2390. 不要人夸颜色好，只留清气满乾坤。

2391. 律己是以服人，量宽是以得人，身先是以率人。

2392. 少数人靠觉悟，多数人靠制度。

2393. 千万条规定，不抵自己的以身作则。

2394. 非己之利，纤毫勿占；非己之益，分寸不取。

2395. 守住法纪底线，恪守道德准则，树立信仰高线。

2396. 团结不是"结团"，"圈子文化"是分裂文化。

2397. 绳子断在细处，为官毁于贪字。

2398. 重小节，堵小洞，小节不保，大节必损。

2399. 廉洁受人敬，贪财法不容。

2400. 贡献大而骄不可长，成绩多而骄不可纵。

2401. 有所畏者，其家必齐；无所畏者，必怠其睽。

2402. 知恶不黜，则为祸始。

2403. 不奋发，则心日颓靡；不检束，则心日恣肆。

2404. 舟必漏而后入水,土必湿而后生苔。

2405. 查找问题,正视不足,进而"把错误变成肥料",从错误中吸取营养,才能不断提升自己。

2406. 努力到无能为力,拼搏到感动自己。

2407. 上清而无欲,则下正而民朴。

2408. 不能因现实复杂而放弃梦想,不能因理想遥远而放弃追求。

2409. 心纯则志远,名利淡则智慧出,无用乃大用。

2410. 堤溃蚁孔,气泄针芒。

2411. 个人的绝对自由是疯狂,一个国家的绝对自由是混乱。

2412. 法律是成文的道德,道德是内心的法律。

2413. 法律是准绳,任何时候都必须遵循;道德是基石,任何时候都不可忽视。

2414. 权力失去监督是灾难祸害,私欲失去约束是洪水猛兽。

2415. 党纪如尺,量出高矮胖瘦;监督似网,滤出真假美丑。

2416. 害羞是畏惧或害怕羞辱的情绪,这种情绪可以阻止某些卑鄙的行为。

2417. 痛苦来自欲望。

2418. 欲望是健康的最大负担。

2419. 勤无难事,俭不忧贫;奢侈浪费,败家败身。

2420. 毛毛细雨透衣裳,杯杯美酒败家当。

2421. 蠹众而木折,隙大而墙坏。

2422. 受人之侮,不动于色;察人之过,不扬于他;施人之惠,不记于心;受人之恩,铭记于心。

2423. 把看不顺的人看顺是一种修为,把看不起的人看起是一种格局,把不想做的事做好是一种能力,把快骂出的话收回是一种本事,把咽不下的气咽下是一种胸怀。

2424. 看自己不顺眼是自己修炼不够,看别人不顺眼是自己修养不够。

2425. 耐心是一切聪明才智的基础。

2426. 成大事不在于力量的大小，而在于能坚持多久。

2427. 心态是内功，修炼要有耐心。

2428. 不必说而说，是多说，多说易招怨；不当说而说，是瞎说，瞎说易惹祸。

2429. 知足者常乐，贪婪者常悲。

2430. 意识到无知，是有知的开始。

2431. 从政者用权只能以公共利益为最高目标，而不能谋一己之私，这是为政用权的基本准绳。

2432. 从政者最大的危机和风险，就是以权谋私。

2433. 守规矩的担当才是真正的担当。

2434. 自视清高历来是阻挡进步的一堵高墙。

2435. 只有敬畏法律，敬畏纪律，自觉管住自己，在廉洁自律上做出表率，才能担起肩上的重任。

2436. 要明史知理，不能颠倒了公私、混淆了是非、模糊了义利、放纵了亲疏，要带头树立廉洁自律的"风向标"。

2437. 管理好自己的情绪，保持正面思维。

2438. 越是艰难处，才越是修心处。

2439. 自己丰富才感知世界丰富，自己善良才感知社会美好，自己坦荡才感受生活喜悦，自己成功才感悟生命壮观。

2440. 只有心中有岸，才会有渡口，才会有船只，才会有明天。

2441. 执纪者必须先守纪，律人者必须先律己。

2442. 合理的欲望是不断取得进步的内心动力，不合理的期望则是葬送人们前途命运最致命的毒药。

2443. 没有离开责任的权力，权力有多大，责任就有多大。

2444. 不能只想当官不想干事，只想揽权不想担责，只想出彩不想出力。

2445. 有权必受监督，用权不可任性。

2446. 居安思危、日慎一日，方能善始善终。

2447. 一念收敛，则万善来同；一念放恣，则百邪乘衅。

2448. 欲无度者，其心无度；心无度者，则其所为不可知矣。

2449. 滴水兴波，终起吞舟之巨浪。

2450. 从政第一要则是戒贪守廉。

2451. 执着于名利金钱是从政之大忌。

2452. 人行善事心自乐，处世无欲品自高。

2453. 廉者常乐，贪者惹祸。

2454. 要帮助动摇的人，先要自己不动摇。

2455. 苟非吾之所有，虽一毫而莫取。

2456. 心之越坚，行之越远。

2457. 激浊扬清方得山清水秀。

2458. 自觉自律是人向上向善永久的内存动力。

2459. 凡善怕者，必身有所正，言有所规，行有所止，偶有逾矩，亦不出大格。

2460. 对法律的敬畏并非单纯的惧怕法律，也不是把法律供于神坛而顶礼膜拜，而是热爱和尊重法律，把法律当作信仰。

2461. "思"而出乎理智，"做"而有所顾忌，

"行"而不忘法度。

2462. 人不能把权力带进坟墓，但变质的权力却可以把人带进坟墓。

2463. 言必合法，行必守法。

2464. 常把自身"廉洁门"，常吹廉洁"枕头风"，常念家庭"廉洁经"。

2465. 没有忧患意识就是最大的忧患，没有忧患意识也就没有底线思维。

2466. 身居要职而不显摆，有真本事而不狂傲，取得成绩而不炫耀，做出贡献而不张扬。

2467. 小事当慎，小节当拘。

2468. 敬业有功，怠业必惩。

2469. 低调是福，张扬是祸。

2470. 人必自重，然后人重之。

2471. 一念之欲不能制，而祸流于滔天。

2472. 祸患常积于忽微，而智勇多困于所溺。

2473. 自制是最大的自由，纪律是最好的保护。

2474. 勤俭自持，可以处乐，可以俭约。

2475. 凡利禄名誉"苟非吾之所有，虽一毫而莫取"。

2476. 大贤秉高鉴，公烛无私光。

2477. 公私分明是基本操守，公而忘私是崇高境界。

2478. 心中有"畏"，方能真正懂得做人之本、为政之道，才能积极行动，建功立业；有所"畏"才能慎独慎微、忠诚干净担当，才能奋发有为。

2479. 轻财足以聚人，律己足以服人，量宽足以得人，身先足以率人。

2480. 欲影正者端其表，欲下廉者先之身。

2481. 人最大的敌人是自己，最不能跨越的高峰也是自己。

2482. 惠而不费，劳而不怨，欲而不贪，泰而不骄，威而不猛。

2483. 特权思想是廉洁自律的最大敌人。

2484. 逼出来的坚强，忍出来的性格。

2485. 重在日常、不弃微末，摒弃法不责"微"的心态，才能始终保持风清气正、崇廉尚实的精气神。

2486. 匿病者不得良医。

2487. 显者多防而无碍,隐者不察终成患。

2488. 廉不言贫,勤不道苦。

2489. 以谦卑之心蓄进取之志。

2490. 毋任己意而废人言,毋借公论而快私情。

2491. 一个人如果不是真正有道德,就不可能真正有智慧。

2492. 欲望像座火山,调控得好会给人带来生存发展的动力和幸福,把控不住则给人类带来灾难。

2493. 束身以圭,观物以镜;种德如树,养心如鱼。

2494. 福不可享尽,便宜不可占尽,聪明不可用尽,势不可使尽。

2495. 心正则言实,心正则行端。

2496. 病非一朝一夕所致,罪从一角一分贪来。

2497. 欲随权长,贿随权集。

2498. "志之难也,不在胜人,在自胜",成长就是与自我的搏斗。

2499. 只有吞得下生活的委屈,才能吐得出人生的大格局。

2500. 克制过强的欲念,前方的路才能走得稳健踏实。

2501. 有所戒才能有所成。

2502. 顺境的美德是节制,逆境的美德是坚韧。

2503. 克服逆境不容易,度过顺境方英雄。

2504. 位高不能擅权,权重不可谋私。

2505. 不知心有所戒,便难以抵达行有所止的境界。

2506. 人必有耻而后能上。

2507. 肩扛千斤谓之责,背负万石谓之任。

2508. 清醒理性一点,谦虚谨慎一点,对党纪国法敬畏一点,会助人迈向更加完善的境界。

2509. 认识过错是正己的前提,而改正过错才是正己的关键。

2510. 善于总结，经常反思，才能少吃亏，少走弯路，不断进步。

2511. "低姿态"才能走稳走好。

2512. 重负在肩，必有"低"的特质，才能负重前行。

2513. 不廉则无所不取，不耻则无所不为。

2514. 多一些镜鉴对照，少一点自以为是；多一些从长计议，少一点短期行为；多一些历史责任，少一点个人得失；多一些沉稳从容，少一点浮躁盲动。

2515. 名为锢身锁，利是焚身火。

2516. 把注重总结反思作为一种习惯始终坚守、作为一种行动终生践行。

2517. 清越而瑕不自掩，洁白而物莫能污。

2518. 世路无知贪欲险，几人到此误平生。

2519. 为政不背人情债。

2520. 一丝不苟、精益求精，才能打磨出精品。

2521. 永远不要让自己的脾气超过实力。

2522. 笨鸟应先飞，笨鸟应多飞。

2523. 不知道自己缺点的人，一辈子都不会想要改善。

2524. 忏悔包括改过。

2525. 一个要教育别人的人，最有效的办法是首先教育好自己。

2526. 一个人如果遭到大家嫌弃，多半是自己不好。

2527. 一个人如果不忠诚，位置越高，危险就越大；本事越大，危害就越深。

2528. 自己不打倒自己，谁也打不倒你。

2529. 情感泛滥就会没有德行，欲望太多就会失去规矩。

2530. 没有不良嗜好，自身就不会迷失。

2531. 祸患皆由自身而产生，小人很难战胜自我。

2532. 律己在于树德。

2533. 治官事则不营私家，在公门则不言货利，当公法则不阿亲戚，奉公举贤则不避仇雠。

2534. 随心所欲不可久远。

第十一辑 自律方略

2535. 内心自律失守，外在诱惑才能乘虚而入。

2536. 外不圆时，内更要方。

2537. 不求无益之物，不蓄难得之货。

2538. 自律胜过他律，自律是最大的自由。

2539. 坚持原则可能会得罪少数人，但长期坚持原则就不会得罪多数人。

2540. 苍蝇不叮无缝的蛋。

2541. 万恶皆由贪字来。

2542. 心有所戒，行方有度。

2543. 权为民所赋，权为民所用。

2544. 圆不失规，方不失矩，本不失末，为政不失其道。

2545. 守住"底线"只能保证不出事，不能保证能干事。

2546. 没有"高线"引领，"底线"最终也会失守。

2547. "官"只是一个服务性职位，是借由公众赋予的权力为公众服务，必须摒弃私利。

2548. 贿道一开，辗转滋厚、鞭靴不已，必及衣裘；衣裘不已，必及币帛；币帛不已，必及车舆；车舆不已，必及金璧。

2549. 权力不论大小，只要不受制约和监督，都可能被滥用。

2550. 心灵的麻木，价值观的堕落，对任何社会都是危险的。

2551. 清白做事、善始善终，既是一种人生的态度，更是一种从政的智慧。

2552. 贪欲之心不除，如飞蛾扑火、焚身方休。

2553. 不为钱所动，不为名所容。

2554. 国家之败，由官邪也；官之失德，宠赂章也。

2555. 知足者富，知止者久。

2556. 进、退、存、亡而不失其正。

2557. 权力意味着责任和面对不义之财的诱惑。

2558. 欲望如海水，越喝越渴。

2559. 功和利,不可趋之若鹜;名和财,不可为之所累。

2560. 觉悟,觉则不昏,悟则不迷。

2561. 马行软地易失蹄,人贪安逸易失志。

2562. 自作孽不可活。

2563. 容错是有前提和底线的,是在纪律法律框架内的容错,不能拿容错当"保护伞",搞纪律"松绑"。

2564. 只有胸怀宽广、气量宏大,才能广泛吸引人才,凝聚人心,争取多数,形成坚强的凝聚力;也只有严于律己,宽以待人,容忍误会和冲撞,不计得失,才会受人尊重和信赖,产生巨大的感召力。

2565. 广厦千间,夜眠仅需六尺;家财万贯,日食不过三餐。

2566. 没有监督的权力必然作恶。

第十二辑　学习方略

2567. 不管多大的官，不读书便不过是一介俗吏。

2568. 学再多不用就等于徒劳，学再好用错地方反而适得其反。

2569. 学习是对知识的一种亲近态度。

2570. 学而不行，等于没学；言行不一，不如不言。

2571. 见得越多，看得越开；学得越多，看得越远。

2572. 知识就是要有用，知识最终要走向解决问题。

2573. 努力不是一场意志力的较量，而是一种需要学习的策略。

2574. 世界上只有一种投资是只赚不赔的，那就是学习。

2575. 智慧的开发来自读书，智慧的增进来自学习。

2576. 人生如果远离了阅读，就等于一间房子没有窗户。

2577. 读书并不是要逃离这个世界，而是要让人拥有平视世界的眼睛，阅读本身就是为了更好地生活。

2578. 知识转化为智慧，智慧转化为品德，品德转化为德行。

2579. 学而信，学而用，学而行。

2580. 人不读书，其犹夜行。

2581. 学愈博则思愈远。

2582. 读书给人以乐趣，给人以光彩，给人以才干。

2583. 自古圣贤，盛德大业，未有不由学而成者也。

2584. 国势之强由于人，人材之成出于学。

2585. 学习"充电"要"满格"。

2586. 读书正己。

2587. 读书犹如种庄稼。

2588. 博学于文，可以修学储能、锤炼修养，全方位地拓展人的视野、丰富人的学识；可以使人站高望远，客观全面地了解社会，成为复合型人才，更好地适应社会，创造更灿烂的人生。

2589. 学习成就伟业,学习创造未来。

2590. 相对于知识而言,学习是基础;相对于思维而言,思考是关键;相对于方法而言,实践是根本。

2591. 做而不学则愚,学而不思则呆,思而不学则妄。

2592. 大志非才不就,大才非学不成。

2593. 人生短促,读书要择。

2594. 玉不琢,不成器;人不学,不知道。

2595. 文可载道,以用为贵。

2596. 古人学问无遗力,少壮工夫老始成。

2597. 好铁要经三回炉,好书要经百回读。

2598. 水滴集多成大海,读书集多成学问。

2599. 土地贵在耕种,知识贵在运用。

2600. 经得广,知得多。

2601. 经一番挫折,长一番见识。

2602. 学哲学就是学聪明。

2603. 三人行必有我师,十步之内必有芳草。

2604. 见者易,学者难,莫将容易得,便作等闲看。

第十二辑 学习方略

2605. 读书三境界：工作的一部分，生活的一部分，生命的一部分。

2606. 学得愈多，愈觉察到自己的无知。

2607. 一日不学，若混一天。

2608. 旧书不厌百回读，熟读深思子自知。

2609. 挤些时间读点书，静下心来想点事，不懒笔头用点功。

2610. 三日不读书，便觉言语无味，面目可憎。

2611. 立身百行，以学为基。

2612. 学习非一朝一夕之事，不可能毕其功于一役。

2613. 读书是学习，使用也是学习，而且是更重要的学习。

2614. 所有的知识都是彼此相关的。

2615. 若学习过程能"加速"、"增效"，则能取得更好的成效。

2616. 读书是人生永恒的主题。

2617. 好书是哺育心灵的母乳，是铸造灵魂的工具，是启迪智慧的钥匙。

2618. 读书历来没有固定的模式，也没有统一的标准，有效、管用便是最好的方法。

2619. 知识学问，贵在学以致用，不用便无用，无用便无益。

2620. 人生的终点不是死亡，而是与书绝缘；人生的起点也不是诞生，而是要从"爱书如命"那一刻算起。

2621. 做一个爱书如命的人，必定充满希望。

2622. 集财富于一身，受人妒忌；集知识于一身，受人崇敬。

2623. 远离知识就是走近无知。

2624. 一个圆满的人生是指：专业领域是内行，专业以外也不外行。

2625. 人的差异在于业余时间。

2626. 读书千万不要被书所困，一切的运用全在自己。

2627. 读书是一个人有没有求知心的标志，写作是一个人有没有创造力和责任感的标志。

2628. 书读百遍，其义自见。

2629. 相比规则甚至战略，成功的关键在于文化。

2630. 要想保持学习的紧迫感，必须制定目标与期限。

2631. 只要找到适合自己的学习方法，学习就会很轻松。

2632. 学习是永远不会错的投资。

2633. 求学之道无坦途，问艺之路无捷径。

2634. 知识就是德行。

2635. 善学者智，善学者正，善学者强，善学者胜。

2636. 科学就是探索，探索使人快乐！

2637. 少有所学为壮年，壮年学习老不衰，老有所学死不朽。

2638. 学习，没有太迟之说。

2639. 读书学习是文明薪火相传之途，是个人成长进步之梯，是政党永葆生机之基，是国家繁荣富强之要，是民族崛起振兴之道。

2640. 学习成常态，工作才能进状态；学习成起点，事业才能有支点；学习成风气，发展才能添力气。

2641. 强学博览，足以通古今。

2642. 历史不能假设，事实没有如果，但教训一定要吸取。

2643. 读书在于造就完全的人格。

2644. 学习力是适应力、管理力、竞争力、凝聚力、执政力等多种能力的起点和基础，是打破本领恐慌的最重要的能力。

2645. 以学益智、以学修身，融会贯通、形成觉悟，以文化自信支撑政治定力。

2646. 熟知的并非真知。

2647. 天下之患，莫大于不知其然而然。

2648. 离险境：读书可以保持理智，镇定自若；得顺境：读书可以谨言慎行，减少盲目；破逆境：读书可以化解怨气，平心静处；处闲境：读书可以益智强身，遏制衰老。

2649. 学而不思则罔，深思善悟则明。

2650. 学必悟，悟而生慧。

2651. 以读书为帆，以思考为舵，以写作为桨。

2652. 读书学习应成为领导干部的第一爱好、第一习惯、第一行为。

2653. 只思不读，走火入魔；又思又读，立地成佛。

2654. 耐烦是为学的真谛。

2655. 读万卷书是向内滋养精神，行万里路是向外拓宽视野。

2656. 阅读可分两种：一种是增长知识的阅读，需要用头脑；另外一种是提升生命的阅读，需要用心灵。

2657. 好书是成才的梯子，坏书是监狱的钥匙。

2658. 读书第一要有志，第二要有识，第三要有恒。

2659. 兴趣乃成就伟业的催化剂。

2660. 学而不用等于没学，学习的目的全在于应用。

2661. 博学知之多,见多识得广。

2662. 学而不疑,长进不快。

2663. 探索无止境,求知无穷期。

2664. 非才无以深学,非学无以明识,非识无以能谋,非谋无以善断。

2665. 任何有效的阅读不仅是吸收和接受,同时也是投入和创造。

2666. 只有投身于丰富的社会实践,才能锻炼和造就各方面的才干。

2667. 学习是创新的基础,实践是创新的源泉。

2668. 理解是记忆的前提。

2669. 读史未必使人聪明,忽视历史却是不可饶恕的愚蠢。

2670. 凡有所学,皆成性格。

2671. 书籍会潜移默化地塑造一个人的性格。

2672. 师古而不泥古,取其精华而鉴今。

2673. 冷洌的彻悟,来自亲身经历。

2674. 鸟欲高飞先振翅,人求上进先读书。

2675. 读书,就像起跑线,因此而发,但是没有终点。

2676. 书籍是一生最忠实的朋友。

2677. 观众器者为良匠,观众病者为良医。

2678. 平生多阅历,胸中有丘壑。

2679. 敏而好学,不耻下问。

2680. 学而不厌,诲人不倦。

2681. 经验丰富的人读书用两只眼睛,一只眼睛看到纸面上的话,另一只眼睛看到纸的背面。

2682. 不读书愚而可哀,只读书迂而可惜;读而有后作,作而出新,是大智慧。

2683. 只有认真地自我批判,才能在实践中不断吸收先进和优化自己,才能真正地塑造自己的未来。

2684. 知道自己无知不是完全的无知,真正的无知是不知道自己无知的无知。

2685. 文化的热点,必有深层的动因;理论的建构,必有实践的回响。

2686. 善学则善思,善思则善行,善谋则善为。

2687. "要读书"致力于实用知识,"好读书"致力于人生体悟。

2688. 没有实践,就没有经验;没有经验,就没有感性认识;没有感性认识也就不可能有理性认识。

2689. 学而思,思而践,践而悟,循环往复,永无止境。

2690. 好问则裕。

2691. 不思故有惑,不求故无得,不问故不知。

2692. 志不可一日堕,心不可一时放。

2693. 读书期于明理,明理归于致用。

2694. 人之为学,不日进则日退;独学无友,则孤陋而难成。

2695. 终身学习,向死而生。

2696. 博学而后多识。

2697. 凡遇一事,即当且就此事反复推寻,以究其理。

2698. 文以载道,文以传情,文以植德。

2699. 不修"内功",难成大器。

2700. 无法吸收新的东西,就是思想的生活断绝。

2701. 书卷多情似故人,晨昏忧乐每相亲;眼前直下三千字,胸次全无一点尘。

2702. 为学之实,固在践履。

2703. 大厦之成,非一木之材;大海之阔,非一流之归。

2704. 不学习,就没有知识,没有知识,就没有学位;没有学问,就没有见识;没有见识,就缺乏智慧。

2705. 有了积淀,自然写得出东西;长于思考,就善于理出"头绪"。

2706. 一句话,可能影响人的一生;一本书,可能改变人的一世。

2707. 学则智,不学则愚。

2708. 学高为师,身正为范。

2709. 读书十益:养静气,去燥气;养雅气,去俗气;养才气,去迂气;养朝气,去暮气;养锐气,去惰气;养大气，去小气；养正气，去邪气；养胆气，去怯气；养和气，去霸气；养运气，去晦气。

2710. 博学而志不笃，则大而无成。

2711. 好读书，不求甚解；每有会意，便欣然忘食。

2712. 自己学到的知识和掌握了的技能，才是自己拥有的武器。

2713. 技能是学习的终点，信息和知识是迈向这个终点的路与桥。

2714. 掌握了多少知识，并不取决于记忆了多少知识，而是取决于能调用多少知识。

2715. 学习就是投资回报率最高的行为。

2716. 学习不能不思考，思考亦需要学习。

2717. 书怕念得不熟，也怕念得太烂。

2718. 士有一言中于道，不远千里而求之。

2719. 会读书，书如甘草；不会读，则书如干草。

2720. 读书切忌心慌忙，久久为功见真章。

2721. 书当读在未用时。

2722. 阅读之于大脑正如有氧运动之于身体。

2723. 问题的提出,需要基于已有的知识体系,并通过问题将新、旧知识串联起来。

2724. 只有最后能够作用于现实的学习,才是唯一有效的学习。

2725. 读得书多胜大丘,不须耕种自然收。

2726. 普及知识和真理,使之成为人所尽知的常识。

2727. 教者,效也;上为之,下效之。

2728. 求知若饥,虚心如愚。

2729. 不断地学习知识和提高本领,也是奋斗的一种形式,学习亦可以提高奋斗的效率。

2730. 奋斗需要不断地学习,学习是奋斗者必备的品质。

2731. 读书通大义,立志冠清流。

2732. 要领略读书的快乐,必须摆脱功利的考虑,有从容的心境。

2733. 只要有阅读，人就不会倒，不会老。

2734. 学问学问，需要既学又问。

2735. 让兴趣成为激励学习的最好老师。

2736. 有知才会有智，知识就是领导的本钱。

2737. 不能则学，不知则问。

2738. 攻书莫畏难，读书需要知难而进。

2739. 学而后知，加强学习才能增强本领。

2740. 最浅的墨水也胜过最好的记忆。

2741. 读书如不立即做笔记，犹如雨落大海无踪迹。

2742. 学习如竞走，耐力、恒心终有获。

2743. 上山问樵，下水问渔。

2744. 会不在多、管用才行，文不在繁、说透才行。

2745. 专业精神不强，干不好事；专业能力不强，干不了事。

2746. 拜人民为师，向人民学习，放下架子，扑下身子，接地气通下情，"身入"更要"心至"。

2747. 学而后知，加强学习方能增强本领。

2748. 书藏万卷终觉少，遍览群书智慧高。

2749. 读书无诀窍，贵在苦读中。

2750. 死记硬背记一时，融会贯通记一世。

2751. 知识可以教，智慧不可传。

第十三辑　做人方略

2752. 决定自己上限的，往往不是能力，而是自己做人做事的格局。

2753. 一个人要对自己抱有信心，才能保持精神和肌体的健康。

2754. 明白人都是聪明人，但聪明人不见得都是明白人。

2755. 环境是什么并不重要，内心强大才重要。

2756. 乐观地看待发生的一切，尽量不被负面信息干扰或者时时刻刻调整自己的情绪，不让负面情绪左右自己的重要决定。

2757. 宁静的人行深远，故不折；知足的人常快乐，故不老。

2758. 没有自信，就别想成功。

2759. 做人要简单，干事要简练，交往要简明，生活要简约。

2760. 逆境助人成熟，绝境逼人醒悟。

2761. 万丈高楼平地起，英雄不怕出身低。

2762. 做人需要修养，做事需要方法，做官需要境界。

2763. 在其位，就当谋其政、专其政、善其政。

2764. 做人赢在格局，干事成在胸襟。

2765. 没有本事会误事，不守本分会出事，有本事又守本分才能成大事。

2766. 从古而今，放低身段、谦恭待下者，为的是登高望远、海纳百川、成其广大。

2767. 与众不同的经历，造就与众不同的未来。

2768. 有作为，十年胜百年；无目标，百岁犹一岁。

2769. 人生是一座桥梁，重要的不是目的和结局，而是过程。

2770. 人生没有涂改液，不可能推倒重来，该怎么设计自己的人生路，马虎不得，随意不得。

2771. 不吃苦中苦，难得甜上甜。

2772. 有压力才有动力，源源不竭的动力必将激发生生不息的活力。

2773. 苦是奋进人生的一种补药，吃苦能补精神、补信念、补品格、补才能，使人生由苦到甜，走向理想的彼岸。

2774. 吃苦励志，苦生芳华。

2775. 大道至简，但至易不等于容易，简单也不是愚笨，单纯也不是幼稚。

2776. 良知决定你走的方向，还会决定你走多远。

2777. 苦难不会持久，强者却可长存。

2778. 失败者只看到问题，成功者更关注目标。

2779. 只有能够正确辨析方向者，方能抵达人的全面发展的光明未来。

2780. 苦才是人生，累才是工作，变才是命运，忍才是历练。

2781. 无冥冥之志者，无昭昭之明；无惛惛之事者，无赫赫之功。

2782. 宁可悔了改，不可做了悔。

2783. 一个人如果有担当，表现出来的就是负责、明快和直率。

2784. 自命不凡就自毁了成功的根基。

2785. 志气太大，理想过高，结果自然是失望烦闷；志气太少，因循苟且，麻木消沉，结果就必至于堕落。

2786. 命运如同手中的掌纹，无论多曲折，终掌握在自己手中。

2787. 所处环境是命，所逢机遇是运。

2788. 自己和自己赌气，吃亏的还是自己。

2789. 两种东西让人释怀：一是智慧，二是心态。

2790. 两种东西让人改变：一是时间，二是苦难。

2791. 两种东西让人觉醒：一是真理，二是苦痛。

2792. 两种东西让人迷失：一是谎言，二是欲望。

2793. 昔日之得不足以自矜，今日之成不容以自限。

2794. 责任就是方向，经历就是资本，性格就是命运。

2795. 选择应该选择的是勇敢，选择不该选择的是怯懦，放弃不该放弃的是愚蠢，放弃应该放弃的是睿智。

2796. 人的一生就是体道，悟道，最后得道的过程。

2797. 有自信才能有定力。

2798. 多给自己积极的心理暗示。

2799. 不怕念起，就怕觉迟。

2800. 知识是学来的，能力是练出来的，胸怀是修来的。

2801. 勇敢，事情再难能变易；怯懦，事情再易仍是难。

2802. 只有懂得苦、知道累、体会难，才可成长、才会成熟、才能成功。

2803. 世界上没有快乐的地方，只有快乐的人。

2804. 人失骨气，必失尊严。

2805. 坏人做坏事不可怕，可怕的是好人害怕做好事。

2806. 人无所舍，必无所成。

2807. 改变可以改变的，接受无法改变的。

2808. 百善孝为先，尽孝善为伴。

2809. 孝当竭力，忠则尽命。

2810. 积小善可成中善，积中善可成大善。

2811. 只要有善心，长之育之，履之行之，人人皆可成大善。

2812. 做人要果断，做事要迅速。

2813. 勤则事无不理。

2814. 不自欺，方能不被欺。

2815. 人都是为希望而活，有了希望，人才有生活的勇气。

2816. 记住该记住的，忘记该忘记的；改变能改变的，接受不能改变的。

2817. 欢乐和忧愁永远是相依相随的，它们不可分割地交织在一起。

2818. 拿不起，就会庸庸碌碌；放不下，就会疲惫不堪。

2819. 自己优秀才有更多进步机会。

2820. 能力可以培养，人品坏了不好改变。

2821. 经历过忧愁，才知道快乐的实质；经历过痛苦，才知道幸福的真谛；经历过挫折，才知道成功的意义。

2822. 真正的强者，不是没有眼泪的人，而是含着眼泪依然奔跑的人。

2823. 做人有品，常怀律己之心，堂堂正正，清清白白；做事有格，常揣鉴己之镜，利利索索，干干净净。

2824. 德为立身之本，才为处世之道。

2825. 有一种人品，相处时让人愉悦，离开后使人眷恋；有一种风格，办事时叫人放心，成事后被人赞赏。

 第十三辑 做人方略

2826. 自重发于心，而止于行。

2827. 百行德为首，品洁人自高。

2828. 养大德者方可成大业。

2829. 惟有大气者，方能成大事。

2830. 为国以忠，为家以孝，为人以爱，为事以敬。

2831. 谁在凯旋中战胜自己，谁就赢得了两次胜利。

2832. 人以学而立，立以德为先。

2833. 勤奋延年。

2834. 人生只有不断超越，才能行稳致远，只有不断历练，才能愈发成熟。

2835. 倘若失却童心，便失却真心；倘若失却真心，便失却真人。

2836. 人惟患无志，有志无有不成者。

2837. 胸有凌云志，无高不可攀。

2838. 志不强者智不达。

2839. 人若志趣不远，心不在焉，虽学无成。

2840. 最贫是无才，最贱是无志。

2841. 担当身前事，何计身后评。

2842. 天上无云不下雨，人无志气事不成。

2843. 忠者，德之正也；诚者，天之道也；忠诚者，为人之正道也。

2844. 立正言、走正道则心安，心安则意志坚，意志坚则事业成。

2845. 坐上了"位子"，就要对得起信任；握住了权力，就要担得起责任。

2846. 多接地气，就更有底气。

2847. 志行万里者，不中道而辍足。

2848. 行者方致远，奋斗路正长。

2849. 只有知耻才能远离邪妄。

2850. 读万卷书，行万里路，做良知人。

2851. 胆欲大，心欲小；智欲圆，行欲方。

2852. 富贵足以愚人，贫贱足以立志。

2853. 德好才不好，成不了大业；才好德不好，干不成好事。

2854. 仓廪实而知礼节，衣食足而知荣辱。

2855. 人可以高人一筹，不可以高人一等。

2856. 动莫若敬，居莫若俭，德莫若让，事莫若咨。

2857. 德不孤，必有邻。

2858. 忧民之忧者，民亦忧其忧；乐民之乐者，民亦乐其乐。

2859. 人生在勤，勤则身修家齐国治天下平。

2860. 不患无位，患所以立。

2861. 智者不为非其事，廉者不求非其有。

2862. 成熟不等于世故，知世故而不世故，才是最善良的成熟。

2863. 择善人而交，择善书而读，择善言而听，择善行而从。

2864. 能付出爱心就是福，能消除烦恼就是慧。

2865. 儿孙自有儿孙福，莫为儿孙做远忧。

2866. 人之所以平凡，在于无法超越自己。

2867. 改变自己，是自救；影响别人，是救人。

2868. 善人行善，从乐入乐，从明入明；恶人行恶，从苦入苦，从冥入冥。

2869. 心慈者，寿必长；心刻者，寿必促。

2870. 事不三思总有败，人能百忍百无忧。

2871. 心简单，世界就简单，幸福才会生长；心自由，生活就自由，到哪都有快乐。

2872. 行善之人，如春园之草，不见其长，日有所增；行恶之人，如磨刀之石，不见其损，日有所亏。

2873. 成功就在于不断超越自己。

2874. 读书者不贱，守田者不饥，积德者不倾，择交者不败。

2875. 为人莫做亏心事，半夜敲门心不惊。

2876. 勿慕时为，勿甘小就。

2877. 大视野创造新感觉，大视野升华新境界。

2878. 人生的诀窍就是善于经营自己的长处。

2879. 人不拥有可选择的生命，却拥有可选择的生活境界和追求境界的方式。

2880. 德不厚者不可以使民。

2881. "耳根"要硬，眼睛要明。

2882. 说正话，办正事，走正道，树正气，立正面，做正人。

2883. 人生欲有所成，关键是要有一颗恒心。

2884. 顺境中找到阴影，逆境中找到光亮。

2885. 健康是幸福，无病是自由。

2886. 处逆境心，须用开拓法；处顺境心，要用收敛法。

2887. 因尊严，万事万物才黯然自主，悄然而立；因自立，琳琅世界才有迹可循,有序可循。

2888. 人活在信仰和希望之中。

2889. 自觉心使人自尊自爱,自贱心使人自暴自弃。

2890. 重名节者轻利欲,重利欲者轻名节。

2891. 期待什么,得到什么。

2892. 路在脚下,虽不能改变终点,却能掌握方向。

2893. 世界上只有两种悲剧:一种是,得不到想要的;一种是,得到了不珍惜。

2894. 人生最宝贵的是健康,家庭最宝贵的是和睦。

2895. 问心无愧,是人生最舒服的枕头。

2896. 生活不简单,尽量简单过。

2897. 欲成大器,先要大气。

2898. 感恩不仅仅是付出,也是自我情绪的愉悦。

2899. 不知道自己渺小,就看不到伟大。

2900. 不能铭记过去的人,注定要重蹈覆辙。

2901. 得意而不忘形,失意而不现形。

2902. 坚强靠自己,没有谁会怜悯你的懦弱;努力靠自己,没有谁会陪你原地停留。

2903. 人品决定态度,态度决定行为,行为决定着最后的结果。

2904. 做人有多大气,就会有多成功。

2905. 反听之谓聪,内视之谓明,自胜之谓强。

2906. 做人要自信,但不能过于狂妄;做人应低调,但不能失去自信。

2907. 智力比知识重要,素质比智力重要,觉悟比素质重要。

2908. 使命感是人内在的永恒核心动力;有强烈使命感的人,是一种自觉的人,是一种奋斗的人,是一种百折不挠的人,是一种任劳任怨的人,是一种坚强不屈的人。

2909. 政治意识是根本,大局意识是关键,核心意识是保证,看齐意识是基础。

2910. 自信、自立、自强是乘风破浪的"定神针"。

2911. 知恩、感恩、报恩是为人处世的"基本色"。

2912. 虚荣、虚伪、虚假是进步前行的"障碍物"。

2913. 媚俗、世俗、庸俗是自甘堕落的"迷魂汤"。

2914. 势利、功利、近利是鼠目寸光的"自画像"。

2915. 圆滑、油滑、狡猾是待人接物的"假面具"。

2916. 大喜易失言,大怒易失礼,大惊易失态,大哀易失颜,大乐易失察,大惧易失节,大思易失爱,大醉易失德,大话易失信,大欲易失命。

2917. 责任感是英雄气概的精华。

2918. 言行不一,可怕;心口不一,更可怕。

2919. 承认糟糕的现实,并不有损自己的品格。

2920. 目标大的人,问题就小。

2921. 一个人若失掉了尊严，做人的价值和乐趣就无从谈起。

2922. 失败的人不一定懦弱，而懦弱的人却常常失败。

2923. 没有原则的人是无用的人，没有信念的人是空虚的废物。

2924. 过于安逸，容易堕落；过于忧虑，容易虚无。

2925. 官做小不要紧，人不能做小了。

2926. 荣誉和奖赏从来都不会是真正的奋斗者追求的目标。

2927. 官员在位时受到拥戴并不值得炫耀，难能可贵的是卸任后仍然受到拥戴。

2928. 求真务实是为政之要，修身立德为从政之本。

2929. 知识是力量，良知才是方向。

2930. 做老实人不吃大亏。

2931. 地位愈高而态度愈要谦恭；官职愈大而内心愈要谨慎；俸禄愈优厚而愈不敢妄取贪求。

2.932. 善不积不足以成名,恶不积不足以灭身。

2.933. 心不正,心不净,人身就多病。

2.934. 放荡功不遂,满盈身必灾。

2.935. 对利益不苟且获得,对危难不苟且逃避。

2.936. 不担当,其实就是不忠诚。

2.937. 一个人可以平凡,可以清贫,但不可以没有责任感。

2.938. 当欲望远远超过实力,无论如何不能实现时,就是一个人最痛苦的时候,就容易走火入魔。

2.939. 得意忘形一阵子,失魂落魄一辈子。

2.940. 一心为公自会宠辱不惊,两袖清风方能一生平安。

2.941. 山峰越高,峡谷就越深。

2.942. 没有崇高理想和良好品质,掌握再多知识也无法成为优秀人才。

2.943. 品行是一个人的内涵,名誉是一个人的外貌;做人德为先,待人诚为先,做事勤为先。

2944. 道德可以弥补智慧上的缺陷，但智慧永远弥补不了道德上的缺陷。

2945. 大公无私为圣人，公而忘私为贤人，先公后私为善人，先人后己为良人，公私兼顾为常人，损公肥私为罪人。

2946. 人道经纬万端，规矩无所不贯。

2947. 推诚为应物之先，强学为立身之本，节俭为持家之基，清廉为从政之道。

2948. 一个人只有明大德、守公德、严私德，其才方能用得其所。

2949. 没有规矩不能成其方圆，不讲规矩不能承载重托。

2950. 只有自信时，才能谦卑。

2951. 担当是最大的忠诚。

2952. 树活风雨土，人活精气神。

2953. 鸟不展翅难飞高，人无大志没出息。

2954. 责任有大小，责任心没有大小。

2955. 经雪霜才知腊梅香，遭磨难方显志刚强。

2956. 强者面前无困难。

2957. 意志是理想的阶梯,理想靠意志成就。

2958. 自强是自立的前提,不自强就无以自立。

2959. 人品好,才能为人正;知规矩,才能守本分。

2960. 人生有顺境也有逆境,不可能处处是逆境;人生有巅峰也有谷底,不可能处处是谷底。

2961. 克勤于邦,克俭于家。

2962. 为官先修德,为政先正心。

2963. 用权为公可以为民造福,书写人生光辉篇章;用权谋私则会身败名裂,钉在耻辱柱上。

2964. 天下至德,莫大于忠。

2965. 忠诚于党的纲领,坚定理想信念;忠诚于党的核心,维护党中央权威;忠诚于党的事业,推进民族复兴伟业;忠诚于党规党纪,永葆政治本色。

2966. 官德正,则民风淳。

2967. 忠诚敦厚，人之根基。

2968. 权势面前不折腰，物欲面前不同流，人情面前不中弹，得失之间不焦虑。

2969. 治身莫先于孝，治国莫先于公。

2970. 自命不凡的大多都是凡人。

2971. 心正能立其魂，身正能养其德，言正能明其志，笔正能成其文。

2972. 有福之人不用愁，不愁之人自有福。

2973. 灾祸临头不要愁怨满腹，要学会补救；幸福降临不要喜不自禁，要学会受用。

2974. 人的差异在业余。

2975. 聪明人知其然，能顺势而为；精明人知其然知其所以然，能借势而为；高明人知其所以然知其必然，能造势而为。

2976. 智者顺时而谋，愚者逆理而动；弱者坐等时机，强者创造时机。

2977. 按本色做人，按角色办事，按特色定位。

2978. 有了大气象，更待精气神。

2979. 人可以被击败，不可以被击倒。

2980. 情感就像吹动帆船的风力，理智则是把持方向的舵手。

2981. 平时做好准备，才能得到机会的垂青。

2982. 再烦，也别忘微笑；再急，也注意语气；再苦，也别忘坚持；再累，也爱惜自己。

2983. 用加法的方式去爱人；用减法的方式去怨恨；用乘法的方式去感恩。

2984. 刚者易折，柔则长存。

2985. 宁可藏拙，也不要露怯。

2986. 做人可以不聪明，但要有分寸感。

2987. "不满足"是追求进步的正能量。

2988. 心旷为福门，心狭为祸根。

2989. 不要预支明天的烦恼。

2990. 可以发表意见，但不能拨弄是非。

2991. 平时谨言慎行，这是人的本分，与身份无关。

2992. 凡事以愤怒开始，必以耻辱告终。

2993. 张狂的结果,是自己受伤。

2994. 人生如行路,一路艰辛一路风景。

2995. 当一个人飞扬跋扈,为所欲为时,这个人离失败就不远了。

2996. 学会为自己鼓掌。

2997. 真实就是力量。

2998. 一个人越在意的地方,就越是令他自卑的地方。

2999. 好事情发生在抱有希望的人身上,更好的事情发生在有耐心的人身上,最好的事情发生在那些不会放弃的人身上。

3000. 活在当下,思考未来。

后　记

方略，语出《荀子·王霸》："乡方略，审劳佚，谨畜积，脩战备，齺然上下相信，而天下莫之敢当。"《现代汉语词典》对"方略"的解释是指全盘的计划和策略。也就是说，方略之方，即方针、方案、方式、方法，等等；方略之略，即战略、政略、谋略，等等。从政，需要从政方略。科学的从政方略，既是领导干部个人在从政之路上行稳致远的需要，更是党和人民事业健康发展的需要。从政方略涉及方方面面，笔者择其重要方面，分为思想方略、决策方略、用人方略、执行方略、发展方略、创新方略、取信方略、领导方略、组织方略、交往方略、自律方略、学习方略、做人方略等十三个部分进行表述。由于水平有限，加上有的条目边界较难划分清楚，未能完全做到准确。书中难免还存在一些纰漏，敬请读者批评指正。仅供对此有兴趣的为政者或打算从政者参阅，但愿会有所启发和帮助。

之所以下决心撰写出版本书，直接原因是《政道一万句》出版发行以后，得到不少读者的肯定，这就鼓舞自己继续将从政三十六年来的相关感悟以及所阅读的4000余本书籍的有关札记整理出来。在此，还要特别感谢中央编译出版社葛海彦社长和谭洁编审的支持和帮助！

晓山
2019年元月